Ulrich Fischer
Daniel Wiechmann

Der Männercheck

Ulrich Fischer
Daniel Wiechmann

Der Männercheck

Wie Sie jeden Mann richtig einschätzen
und den Partner fürs Leben finden

mvgverlag

Bibliografische Information der Deutschen Nationalbibliothek:
Die Deutsche Nationalbibliothek verzeichnet diese Publikation in der Deutschen
Nationalbibliografie; detaillierte bibliografische Daten sind im Internet über
http://d-nb.de abrufbar.

Für Fragen und Anregungen:
info@mvg-verlag.de

1. Auflage 2016

© 2016 by mvg Verlag, ein Imprint der Münchner Verlagsgruppe GmbH,
Nymphenburger Straße 86
D-80636 München
Tel.: 089 651285-0
Fax: 089 652096

Umschlaggestaltung: Isabella Dorsch, München
Umschlagabbildung: Shutterstock
Satz: Daniel Förster, Belgern
Druck: GGP Media GmbH, Pößneck
Printed in Germany

ISBN Print 978-3-86882-646-3
ISBN E-Book (PDF) 978-3-86415-893-3
ISBN E-Book (EPUB, Mobi) 978-3-86415-894-0

Weitere Informationen zum Thema finden Sie unter:

www.mvg-verlag.de

Beachten Sie auch unsere weiteren Verlage unter
www.muenchner-verlagsgruppe.de

INHALT

Kapitel 3

Wildern in fremdem Revier: Wo Frau die besten Männer findet ... 99

Kapitel 7

No-Gos und Flirtkiller: die wichtigsten Dating-Regeln

Kapitel 8

Das Ich im Lovecheck – warum Frauen nicht immer kriegen, was sie wollen

Der Fragenkatalog für die zehn Punkte des Männerchecks

Der Männercheck – ganz oder gar nicht!

Über die Autoren

WIE ENTSTAND DER MÄNNERCHECK?

Ich habe dieses Buch vor allem aus einem Grund geschrieben: Ich war es leid mitanzusehen, wie starke und kluge Frauen von männlichen Arschlöchern hereingelegt und ausgenutzt wurden. Weil sie die Tricks der Männer nicht kannten. Weil sie nicht wussten, wie Männer in Sachen Partnerschaft wirklich ticken.

Durch meinen großen Bekanntenkreis bin ich immer wieder in Kontakt mit Frauen mit Beziehungsproblemen gekommen, die von mir wissen wollten, warum sie ständig an die falschen Kerle gerieten. Ich erkannte schnell, dass diese Frauen vor allem ein Problem hatten: Sie hatten der gefährlichsten Männerwaffe – seinem Gequatsche – zu wenig entgegenzusetzen und ließen sich zu leicht von Männern beeindrucken. Um diesen Frauen zu helfen, entwickelte ich eine Liste mit zehn Punkten, die ich ihnen mit auf dem Weg gab: den Männercheck. Es zeigte sich schnell, dass ich damit einen Nerv getroffen hatte. Der Check funktionierte und sorgte dafür, dass Frauen die Männer endlich durchschauen konnten.

Der Männercheck ist ein objektives, unbestechliches Tool, in dem das Wissen eines Mannes über Männer steckt und mit dem jede Frau binnen kürzester Zeit herausfindet, ob ein Mann überhaupt beziehungsfähig ist und welches Interesse er an ihr hat. Um den Männercheck anzuwenden, müssen Sie keine Psychologin sein. Alles, was Sie dafür brauchen, sind ein wenig Beobachtungsgabe, die richtigen Fragen und das Wissen darüber, wie es in Sachen Liebe und Beziehung wirklich in den Männern aussieht.

Mein Dank gilt Daniel Wiechmann, der mir half, meine Gedanken und Ideen zu strukturieren und auszuformulieren. Außerdem möchte ich mich bei Christiane Wolff, Alexandra Berger, Monika Scheddin, Angelika Otto, Carena Barkawi und Susan Bühler bedanken, deren Hilfe und Tipps mir geholfen haben, dieses Buch zu realisieren.

Ulrich Fischer

KAPITEL 1

WAHRE LIEBE? FUNKTIONIERT NUR MIT DEM MÄNNERCHECK!

IN DER HORMONFALLE – WARUM AUSGERECHNET DIE LIEBE SCHULD DARAN IST, DASS FRAUEN IMMER WIEDER BEI DEN FALSCHEN MÄNNERN LANDEN

Liebe ist Chemie. Und damit ist sie der Hauptgrund, warum Frauen immer wieder bei den falschen Männern landen. Ich weiß, das hört sich im ersten Moment merkwürdig an. Aber das hat die Wahrheit leider manchmal so an sich. Damit wir uns nicht falsch verstehen: Ich glaube an die Liebe. Liebe ist ein wunderbares, ein starkes Gefühl. Aber es ist auch eines, das uns im wahrsten Sinne des Wortes um den Verstand bringt.

Die Wissenschaft hat den Ursprung des Gefühls, das wir Liebe nennen, seit Jahren entschlüsselt. Sind wir verliebt, verändert sich der Hormonhaushalt in unserem Gehirn radikal und gleicht dem von Süchtigen. Der einzige Unterschied: Nicht Alkohol oder Heroin, sondern der erwählte Partner ist die Droge, die unser Belohnungssystem im Kopf aktiviert. Kein Wunder, dass Verliebte einen ganz bestimmten Gedanken nicht mehr aus dem Kopf bekommen:

»Ich kann ohne ihn nicht mehr glücklich sein.«

Genau das ist es, was uns unsere Hormone suggerieren wollen. Greif zu! Dein Glück steht genau vor dir! Du fühlst es doch! Ein gemeiner Trick, der nur einen Zweck erfüllt: Das Thema Fortpflanzung soll so zügig wie möglich auf den Tisch kommen. Also wird einfach unser Verstand, unsere objektive Sicht auf unsere Umwelt, hormonell ausgeknipst. Die Natur will nicht, dass wir uns einen potenziellen Partner allzu genau anschauen. Schließlich verlieben wir uns nicht automatisch in den Richtigen oder die Richtige, sondern in erster Linie in einen genetisch attraktiven Partner. Beziehungsfähigkeit ist dabei kein für die Natur relevantes Kriterium. Die Erhaltung der Art steht im Vordergrund.

DAS BÖSE ERWACHEN – WAS PASSIERT, WENN DIE WIRKUNG DER DROGE LIEBE IM KÖRPER NACHLÄSST

Bei Licht betrachtet ist Liebe nichts weiter als ein von der Evolution über Jahrmillionen Jahre perfekt ausgeklügeltes Konzept: Passen die Gene zweier Menschen zueinander, soll es möglichst schnell zur Sache gehen. Von wegen »Man sieht nur mit dem Herzen gut« wie es Antoine de Saint-Exupéry in seinem berühmten Buch *Der kleine Prinz* formulierte. Anthropologen und Evolutionsbiologen wie Helen Fisher und Karl Grammer, die sich jahrelang mit der Liebe beschäftigt haben, würden das berühmte Zitat von Saint-Exupéry garantiert nicht unterschreiben. Es ist wissenschaftlich schlicht nicht haltbar.[1]

Schippert eine Beziehung mit der Zeit in ruhigere Bahnen, klingt das Verliebtsein langsam ab. Zwischen zwei und drei Jahre kann es andauern. Unsere Hormone schalten vom Sucht- wieder in den Normalmodus. Statt durch die rosarote Liebeshormonbrille sehen wir unseren Partner plötzlich so, wie er wirklich ist. Und nun raten Sie mal, in welchem Jahr sich die meisten Paare trennen? Im vierten. In diesem Jahr trifft es die Hälfte aller Paare, die sich insgesamt voneinander trennen. Dieses Phänomen lässt sich auf der ganzen Welt beobachten. Kaum ist das Verliebtsein vorbei, lässt unter dem wieder geschärften Blick für die Realität auch die Anziehungskraft des Partners dramatisch nach. Auch die Seitensprung-Statistik gibt einen deutlichen Hinweis, dass die Anziehungskraft durch die Liebeshormone mit der Zeit nachlässt: Ab dem dritten Beziehungsjahr beginnen sowohl Männer als auch Frauen verstärkt fremdzugehen.

Doch warum bleiben die anderen Paare zusammen? Was ist bei ihnen anders? Warum halten 50 Prozent aller Paare länger durch als andere?

Sie hatten schlichtweg Glück.

Oder die Frauen haben mit meinem Männercheck gearbeitet.

---

1 Dass wir Liebe im Herzen verorten und ausgerechnet das Herz zum Symbol der Liebe gemacht haben, könnte übrigens damit zusammenhängen, dass Verliebte besonders viel Adrenalin produzieren, das unser Herz tatsächlich schneller schlagen lässt (siehe auch »Die lieben Hormone«, S. 14 f).

DIE LIEBEN HORMONE

Geht es um Liebe, unterscheiden Wissenschaftler in der Regel zwei Phasen:

- Das Verliebtsein (die romantische Liebe)
- Die Liebe (die langfristige monogame Paarbindung)

Beide Phasen unterscheiden sich grundlegend voneinander. Lassen Sie uns einmal einen genaueren Blick darauf werfen, was genau in unserem Körper passiert, wenn wir uns in jemand anderen verguckt haben: Sind wir verliebt, steigt die Konzentration der beiden Hormone Dopamin und Noradrenalin in unserem Gehirn in ungeahnte Höhen. Dank des Adrenalins fühlen wir uns voller Energie. Das Dopamin sorgt dafür, dass wir trunken vor Freude sind. Wir schweben auf Wolke sieben. Doch es kommt noch besser: Infolge der hohen Dopaminkonzentration produziert unser Körper zusätzlich größere Mengen des Sexualhormons Testosteron. Kein Wunder, dass Verliebte ständig Lust aufeinander und jede Menge Sex haben. In den ersten Wochen einer frischen Liebe kommen Mann und Frau, bis zum Anschlag mit Testosteron geladen, kaum aus dem Schlafzimmer heraus.

Gleichzeitig jedoch – und jetzt wird es gemein – sinkt im Gehirn Verliebter die Konzentration des Glückshormons Serotonin. Serotonin ist ein klassischer Stimmungsaufheller. Immer dann, wenn wir nicht verliebt sind, sorgt das Serotonin dafür, dass wir uns wohlfühlen und der Welt angstfrei begegnen. Bei Menschen, die an Depression erkrankt sind, wird beispielsweise sehr häufig ein Mangel an Serotonin festgestellt. Und der herrscht eben auch im Gehirn Verliebter. Das ist eine durchaus vertrackte Situation. Zwar sind Verliebte trotz des Serotoninmangels durchaus fröhlich und beschwingt, aber eben nur, wenn sie ihren Partner sehen oder an ihn denken und dadurch von neuen Dopamin- und Noradrenalinschüben heimgesucht werden. Liebe ist – genau wie jede Sucht – direkt mit dem Belohnungssystem im Gehirn verbunden. Sind wir verliebt, wird der Fokus unserer positiven Emotionen vollkommen auf den Partner gelegt: Alle guten Emotionen kommen nur noch von ihm, während die alltäglichen, durch das Serotonin hervorgerufenen Glücksmomente ausbleiben. So entsteht das Gefühl, dass wir nur noch mit diesem einen Menschen glücklich sein können.

Klingt das Verliebtsein nach zwei bis drei Jahren ab, sinken der Noradrenalin- und der Dopaminspiegel. Die Testosteronkonzentration im Hirn nimmt ebenfalls ab und damit die Lust auf Sex. Zwei andere Hormone übernehmen das Kommando über unsere Gefühlswelt. Oxytocin, das sogenannte Kuschelhormon, sorgt nun für wohliges Kribbeln und eine als angenehm empfundene Sicherheit zwischen zwei Partnern. Vasopressin, das Treuehormon, erhöht die Stabilität der Bindung. Ob Sie es glauben oder nicht, aber eine ordentliche Dosis Vasopressin macht aus polygamen Wühlmäusen liebevolle Partner, die nur noch Augen für ein Weibchen haben. Unter normalen Umständen – also ohne Hormonspritze im Labor – wird die Vasopressinkonzentration in unserem Körper durch gemeinsam verbrachte Zeit, körperliche Nähe wie Kuscheln und Sex geregelt. Doch nicht jeder von uns ist für das Vasopressin gleich empfänglich. Es wird daher später in unserem Männercheck noch eine sehr wichtige Rolle spielen.

DER MÄNNERCHECK – EIN STÜCK OBJEKTIVITÄT IM HORMONELLEN GEFÜHLSCHAOS

Ich weiß, dass viele Frauen enttäuscht sind, wenn Liebe als funktionaler Hormonrausch dargestellt wird, der lediglich dazu dient, das Überleben der Art zu sichern. Wenn ich sage: Liebe ist Chemie, meine ich das nicht wertend. Es ist ein Fakt. Es spielt keine Rolle, ob man das gut findet oder nicht. Die Chemie der Liebe ist die Voraussetzung dafür, dass Mann und Frau zusammenkommen. Ohne die Chemie geht es nicht. Wenn mir eine Frau von einem Mann erzählt, für den sie sich interessiert, und ich sehe nicht dieses ganz bestimmte Leuchten in ihren Augen, dann weiß ich, dass sie nicht in ihn verliebt ist. Wie schade wäre es, wenn es dieses Leuchten nicht gäbe. Die Chemie der Liebe soll walten, sie muss walten. Ohne den berühmten Funken, der zwischen zwei Menschen überspringt, wäre die Liebe nur halb so aufregend, wie sie ist.

Dumm ist eben nur, wenn man inmitten des explosiven Gefühlschaos, das der Liebesfunke auslöst, übersieht, dass man eigentlich an einen Psycho geraten ist. Davor beschützt einen die Chemie der Liebe nämlich nicht.

Dieses Buch schon.

Vor allem Frauen Mitte 30, die, oft nach diversen gescheiterten Beziehungen, den Wunsch haben, eine Familie zu gründen und Kinder zu bekommen, können es sich nicht leisten, noch einmal an den falschen Mann zu geraten. Sie haben keine Zeit mehr zu verlieren. Wenn sich ihr Liebes- und Lebensglück doch noch realisieren soll, müssen diese Frauen in jeder sich anbahnenden Beziehung so schnell wie möglich Klarheit über den Mann selbst und seine Absichten gewinnen. Es ist zu klären:

1. Ist er beziehungsfähig?
2. Sucht er wirklich eine Beziehung und nicht nur ein schnelles Abenteuer?

Doch wie stellt Frau das an? Wie kriegt Frau heraus, wer der Mann, in den sie sich verliebt hat, wirklich ist?

Ganz einfach: Sie braucht ein objektives Tool, das sie der Chemie der Liebe entgegensetzen kann: einen Männercheck. Einen Check, der ihr verlässlich sagt, ob ein Mann wirklich beziehungsfähig ist und ob sie mit ihm die Chance auf eine stabile gemeinsame Zukunft hat.

Beziehungsfähigkeit wird niemandem von uns in die Wiege gelegt. Die Fähigkeit, Kontakt mit anderen Menschen aufzubauen und aufrechtzuerhalten, ist etwas, das wir lernen müssen. Ob und wie beziehungsfähig wir sind, ist den meisten von uns jedoch nicht bewusst. Wie auch? Wir alle wollen und suchen Beziehungen. Selbst Männer, die nicht beziehungsfähig sind, sehnen sich nach einer Partnerin an ihrer Seite. Bindung ist eines der menschlichen Grundbedürfnisse. Beziehungsunfähige Männer können daher genau wie ihre beziehungsfähigen Pendants attraktiv, charmant und extrem verführerisch sein. Und genau wie alle anderen Männer versuchen sie sogar immer wieder, sich eine Beziehung aufzubauen. Schaut Frau nicht genau hin und gerät an einen solchen Mann, ist das Ende der Beziehung jedoch vorprogrammiert. Eine Beziehung zu wollen ist das eine. Eine Beziehung auch leben zu können, ist etwas ganz anderes.[2]

---

2 Nicht umsonst sind Familienurlaube oder Weihnachten – also Momente, die Paare zusammen verbringen MÜSSEN – der häufigste Auslöser für Trennungen. Zwei Drittel aller Trennungen finden in dieser Zeit statt. Bindungsphobiker halten die Zwangsnähe im Urlaub oder an den Feiertagen einfach nicht aus. Die Beziehungssituation eskaliert.

Das Problem: Ob ein Mann beziehungsfähig ist oder nicht, steht ihm nicht auf die Stirn geschrieben.

Aufschluss darüber geben uns jedoch bestimmte Verhaltensmuster und Informationen aus seinem Leben. Ich nenne sie Beziehungsmarker. Auf diesen Beziehungsmarkern ist der von mir entwickelte Männercheck aufgebaut. Der Männercheck umfasst dabei zehn Punkte. Es gibt zwei Ursachen- und acht Symptompunkte. Jeder der zehn Punkte ist ein wichtiges Puzzleteil, aus dem am Ende ein komplettes Bild über die Beziehungsfähigkeit eines Mannes entsteht. Alles, was Sie für den Männercheck brauchen, sind die richtigen Fragen und eine normale Beobachtungsgabe. Besteht ein Mann den Check, können Sie sich zu 99 Prozent sicher sein, dass eine stabile Beziehung mit ihm möglich ist. Besteht er ihn nicht, können Sie zu 99 Prozent sicher sein, dass es in einer Beziehung mit diesem Mann alsbald Probleme geben wird.

Ich will mit diesem Buch aber noch ein Stück weitergehen. Ich will Ihnen nicht nur verraten *wie* Sie endlich den Mann fürs Leben finden, sondern auch, wo Sie ihn finden. Und sollte ein Mann den Check bestanden und sich als der Richtige erwiesen haben, bedeutet das ja leider noch lange nicht, dass Sie den Mann auch bekommen. Sie werden in diesem Buch daher auch erfahren, wie Sie einen Mann für sich gewinnen und aus dem von Unruhe und Lust geprägten Verliebtsein eine tiefe und erfüllende Liebesbeziehung werden kann. Wir werden über Sex und Sex-Marketing sprechen. Über die Spielregeln beim Flirt. Und darüber, wie Männer in Beziehungsfragen wirklich ticken.

Drei unangenehme Wahrheiten über Männer und Beziehungen:

- Männer entscheiden binnen zwei Minuten, ob eine Frau die Mutter ihrer Kinder werden könnte oder ob die Frau nur etwas fürs Bett ist.
- Es gibt keine guten beziehungsfähigen Singlemänner ab 35. Trotzdem kann jede Frau ihren Traummann noch finden, wenn sie an der richtigen Stelle sucht.
- Einen Mann ab 27 kann Frau nicht mehr ändern.

Das können (oder wollen) Sie nicht glauben? Kein Problem, dann halten die folgenden Seiten nur umso mehr Überraschungen für Sie parat.

STATISTIKEN ZUM VERGESSEN – WARUM MIT 35 DER ZUG DER LIEBE LÄNGST NOCH NICHT ABGEFAHREN IST

Es ist mit 35 Jahren für eine Frau wahrscheinlicher, Opfer eines Terroranschlags zu werden, als dass es in ihrem Liebesleben noch einmal richtig funkt. Sagt die Statistik. Es ist für eine Frau auch jenseits der 35 sehr wohl möglich und gar nicht mal so unwahrscheinlich, noch den Mann fürs Leben zu finden, sage ich. Zugegeben, die Zahlen sprechen nicht für mich (siehe Infokasten auf der nächsten Seite). Jedoch sehe ich Statistiken immer nur als eine Beschreibung des IST-Zustandes und nicht als Antwort auf die viel wichtigere Frage nach dem WARUM.

SINGLEFRAUEN – AB 30 GEHT ES ABWÄRTS

Die meisten Frauen heiraten mit etwa 30 Jahren. Danach nimmt die Zahl der Eheschließungen ab. Rapide. Bereits mit 35 kommen nur noch halb so viele Frauen unter die Haube und diese statistische Talfahrt geht mit jedem weiteren Lebensjahr weiter. Von den 40-Jährigen bekommt im Vergleich zu den 30-Jährigen nur noch ein Drittel einen Antrag gemacht. Der Mythos, dass Männer reifen wie Wein und mit dem Alter attraktiver werden, scheint zumindest die Heiratsstatistik zu belegen. Die meisten Männer heiraten mit circa 35 Jahren. Danach sinkt auch hier die Zahl der Eheschließungen auf ein niedrigeres Niveau. Doch auf diesem Niveau heiraten Männer konstant weiter und selbst im Alter von 50 oder 60 Jahren ist die Zahl der Eheschließungen bei Männern immer noch erstaunlich stabil. Allerdings heiraten ältere Männer kaum gleichaltrige Frauen, sondern binden jüngere durch einen Ehering an sich.

Immer wieder wurde ich in den zurückliegenden Jahren in meinem Bekanntenkreis von Frauen, die ihr Beziehungsglück noch nicht gefunden und gerade wieder jemanden kennengelernt hatten, gefragt:

»Was meinst du, Uli, ist es diesmal der Richtige?«

Diese Frauen waren erfolgreich. Sie managten Woche für Woche Kunden, Produkte oder Events, sie hatten ihr berufliches Leben als Sachbearbeiterin, Rechtsanwältin, im Marketing oder als Vertriebsmitarbeiterin vollkommen im Griff. Bei Männern fehlte ihnen jedoch das richtige Händchen. Warum war das so? Diese Frage beschäftigte mich, bis mir in den Gesprächen mit den Frauen eine Konstante auffiel. Die Frauen begingen alle denselben Fehler: Sie stellten den Männern, die sie trafen, die falschen Fragen.

Claudia zum Beispiel. Die 34-Jährige ist eine auffallend attraktive Erscheinung mit sehr weiblichen Formen. Sie hatte nie Probleme, Männern kennenzulernen, und schon gar nicht, sie ins Bett zu kriegen. Doch ihre Beziehungen hielten maximal zwei bis drei Jahre. Dazwischen lagen noch viele kurze Affären, auch mit verheirateten Männern. Obwohl sie viele Männer kennenlernte und Claudia ganz bewusst sogar verschiedene Männertypen durchprobierte, war »der Richtige« nie dabei. Warum? Warum landete Claudia immer wieder bei den falschen Männern? Als ich Claudia vor einigen Jahren auf einer Party traf, hatte sie schon wieder einen neuen Schwarm:

»Diesmal habe ich ein gutes Gefühl!«

»Das ist schön. Was gefällt dir besonders an ihm?«

»Er verwöhnt mich seit dem ersten Date. Er ist einfach sehr aufmerksam, er hört gut zu …«

»Was machen denn seine Eltern?«

»Seine Eltern? Das ist doch nicht wichtig.«

»Sieht er sie oft? Oder hat er weniger Kontakt zu ihnen?«

»Wieso interessiert dich das? Er redet nicht so gern über seine Familie.«

Er redete nicht gern über seine Familie. Also sprach Claudia dieses Thema auch nicht mehr an. Sie nahm Rücksicht auf sein Befinden. Daran kann ja wohl nichts falsch sein, oder? Schließlich wollte sie den Mann ja nicht verschrecken oder Wunden aufreißen, die ihn vielleicht schmerzten. Vielleicht, so dachte sie, würde er sich später, wenn sie sich besser kennengelernt hatten, weiter öffnen und darüber reden können. An genau dieser Stelle hakte ich nach und erfuhr von Claudia, dass sie in ihren vorangegangenen Beziehungen genauso vorgegangen war.

Ein fataler Fehler, den leider viele Frauen begehen.

DIE FALSCHE RÜCKSICHT DER FRAUEN – WARUM FRAUEN ZUERST AN SICH UND DANN ERST AN DIE INTERESSEN DER MÄNNER DENKEN MÜSSEN

Durch ihre zwar nett gemeinte, aber vollkommen unnötige und falsche Rücksicht versäumte es Claudia, all die Dinge in Erfahrung zu bringen, die ihr hätten helfen können, sich von Anfang an ein Bild über die Beziehungsfähigkeit ihres neuen Schwarms zu machen. Sie wusste nichts über die Kindheit des Mannes oder seine Beziehung zu seinen Eltern. Sie wusste kaum etwas über seine bisherigen Beziehungen. Sie hatte auch nicht darauf geachtet, welchen Sport er machte oder wie seine berufliche Karriere bisher verlaufen war. Sie achtete nicht darauf, wie oft und wie viel er trank. Sie hatte sich auch noch kein Bild von seinen besten Freunden gemacht. Mit anderen Worten: Sie hatte alle relevanten Informationen und Zeichen ignoriert, die ihr hätten helfen können, um die wichtige Frage »Ist er der Richtige?« selbst zu beantworten.

Etwas anders verhielt es sich bei meiner Freundin Karin. Sie hatte sehr früh, mit Anfang 20, geheiratet. Dann, 18 Jahre später, war ihre Beziehung kaputt. In dieser Zeit war sie ihrem Mann immer treu gewesen. Sie hatte, was Männer anging, wie in einer »Käseglocke« gelebt. Karin brauchte lange Zeit, um die Trennung zu verarbeiten. Als sie das endlich geschafft hatte, meldete sie sich wieder beim Tanzkurs und auch bei einem Internetportal an. So lernte sie Männer kennen, die ihr eigentlich gefielen. Doch nach einigen grauenhaften Dates war sie verzweifelt und frustriert, denn keiner dieser Männer hatte ernsthaftes Interesse an ihr. Die meisten wollten nur Sex, möglichst schnell, um möglichst schnell wieder das Weite zu suchen. Was Karin am meisten wurmte, war, dass sie auf den Charme dieser Männer hereinfiel, ohne ihre wahren Absichten zu erkennen. Wie konnte sie sich nur so sehr in Männern täuschen? Das war ihr doch früher nicht passiert!

Ihr Fazit: »Irgendwie sind Männer ab Mitte 30 schwer zu durchschauen.«

Als ich mit ihr sprach, merkte ich, dass Karin vollkommen falsche Vorstellungen von der aktuellen Männer- und Dating-Welt hatte. So ergeht es vielen Frauen, die nach zehn, 15 oder gar 20 Jahren in einer Beziehung wieder auf dem »Markt« sind. Als sie jung waren, war ihre Welt voller Singles und unter den Jungs gab es viel weniger abgebrühte Abzocker, die mit den Gefühlen von Frauen nur spielten. Jetzt jedoch – Jahre später – entpuppten sich die meisten Singlemänner als berechnende Womanizer, die auf nicht mehr als den schnellen Spaß aus waren. Diesen Männerhaien war Karin, die jahrelang wie unter einer Käseglocke gelebt hatte, nicht mehr gewachsen.

Als ich Karin sagte, dass sie innerhalb von zwei Stunden – etwa bei einem Abendessen – zweifelsfrei herausfinden könne, ob ein Mann der Richtige sei, ob er wirklich an einer Beziehung mit ihr interessiert sei, und dass alles, was sie dafür tun müsse, nichts weiter sei, als ihrem Date die richtigen Fragen zu stellen, erklärte sie mich für verrückt. Als ich ihr auch noch versprach, dass sie nach demselben Abendessen sogar in der Lage sei einzuschätzen, ob eine Beziehung mit dem Erwählten überhaupt eine Chance habe, empfahl sie mir einen Besuch beim Arzt. Auch meine Freundin Claudia reagierte skeptisch, als ich ihr sagte, dass es eine ganz einfache Methode, einen Männercheck, gibt, mit dem sich zweifelsfrei feststellen lässt, ob ein Mann überhaupt beziehungsfähig ist oder nicht.

Bis beide den Check ausprobierten.

Claudia fand innerhalb von acht Monaten einen Mann, mit dem sie nun schon seit fünf Jahren – ihre bisher längste Beziehung! – zusammen ist. Karin ist zwar immer noch auf der Suche, aber wenigstens fällt sie jetzt nicht mehr auf die falschen Typen herein. Mithilfe des Männerchecks ist ihr Warnsystem wieder scharf gestellt und sie erkennt die Alarmsignale sofort, wenn sie einem Mann gegenübersitzt, von dem sie besser die Finger lässt.

Die meisten Frauen, die ich mit dem Männercheck konfrontiert habe, reagierten mit Unglauben oder gar Ablehnung darauf. Je jünger die Frauen waren, desto länger wollten sie mit mir über den Check diskutieren. Frauen um die 40 taten sich sehr viel leichter, den Check und die mit ihm verbundenen Konsequenzen zu akzeptieren. So, als hätte ihnen das Leben bereits eine Vorahnung davon gegeben. Ich bin mir sicher, dass auch Sie, liebe Leserin, wenn wir den Männercheck auf den folgenden Seiten Punkt für Punkt durchgehen, vor allem eines tun: Sie zweifeln.

KAPITEL 2

DER MÄNNERCHECK: WIE SIE MIT DER ZEHN-PUNKTE-CHECKLISTE HERAUSFINDEN, OB SIE MIT EINEM MANN GLÜCKLICH WERDEN KÖNNEN

BEZIEHUNGSFÄHIG ODER NICHT?

Sich zu verlieben ist ziemlich einfach. Entweder es funkt oder es funkt nicht. Soll jedoch aus dem Verliebtsein eine stabile Beziehung erwachsen, die Jahre hält, muss ein Mann noch andere Qualitäten als nur seine guten Gene und sein Interesse an Ihnen mitbringen. Er muss beziehungsfähig sein. Doch was ist Beziehungsfähigkeit eigentlich? Und was unterscheidet einen beziehungsfähigen Mann von einem Beziehungsphobiker?

Als Beziehungs- oder, wie die Wissenschaft es öfter formuliert, Bindungsfähigkeit gilt die Fähigkeit, mit anderen Menschen in Kontakt zu treten. In der Regel definiert die Wissenschaft die folgenden Merkmale, um Beziehungs- und Bindungsfähigkeit zu beschreiben. Ist einer dieser Punkte gestört – und dafür gibt es vielfältige Ursachen, für die ich Sie später noch mehr sensibilisieren werde –, tun wir uns mit Beziehungen schwer.

- Um Beziehungen einzugehen, müssen wir in der Lage sein, anderen Menschen zu vertrauen, und uns ihnen öffnen können.
- Wir müssen körperliche Nähe zulassen können.
- Wir müssen streiten und verzeihen können und kompromissbereit sein.
- Wir müssen Enttäuschungen ertragen können und damit klarkommen, dass jemand anders handelt und denkt als wir selbst.
- Und zu guter Letzt müssen wir auch noch imstande sein, uns mit einem anderen Menschen an der Seite gemeinsam weiterzuentwickeln.

Sie sehen, Beziehungsfähigkeit ist ein sehr komplexes Thema. So komplex, dass es doch unmöglich sein kann, in ein paar Stunden herauszufinden, wie beziehungsfähig ein Mensch wirklich ist? Mitnichten, denn Beziehungsfähigkeit beschränkt sich nicht auf die klassische Paarbeziehung. Die oben genannten Kriterien gelten für Liebesbeziehungen ebenso wie für unsere Beziehungen zu Arbeitskollegen oder Freunden. Die besondere körperliche und emotionale Nähe macht die Liebesbeziehung zwar zur Königsdisziplin in unserem sozialen Leben, aber Beziehungsfähigkeit lässt sich nicht auf sie reduzieren. Unsere Beziehungsfähigkeit hinterlässt überall in unserem Leben Spuren. In unserer Vergangenheit ebenso wie in unserer Gegenwart. Genau dort setzt der Männercheck an.

Mithilfe meiner Zehn-Punkte-Liste wird es Ihnen möglich sein, diese Spuren zu lesen, ohne dass Sie vorher stundenlang theoretische Grundlagen wie in einem Psychologiestudium pauken müssen.[3]

DIE KLEINEN UNTERSCHIEDE – WARUM FRAUEN UND MÄNNER EINANDER SO SCHWER VERSTEHEN

Ich als Mann bin in der Lage, mir binnen eines Abends ein komplettes Bild von einem anderen Mann zu machen. Sobald ich die Gelegenheit habe, einem Mann die richtigen Fragen zu stellen, weiß ich genau, wer er ist: Ist er ein Poser, ein Rumtreiber oder ist er eher ein braver Kerl, der lieber zu Hause sitzt? Dieser Check läuft ganz automatisch.

Die meisten Frauen können das nicht.[4]

Im Großen und Ganzen sind Männer und Frauen ziemlich gleich gestrickt. Doch in einigen Dingen ticken Männer und Frauen vollkommen anders. Diese kleinen Unterschiede sorgen – gerade in Beziehungsfragen – immer wieder für Verwirrung zwischen den Geschlechtern. Diese Unterschiede zwischen Mann und Frau zu ignorieren ist einer der größten Beziehungskiller. Weder als Mann noch als Frau dürfen Sie Ihre

---

3 Hier und da werde ich natürlich auf wissenschaftliche Studien und Theorien verweisen, um Sie vom Männercheck zu überzeugen. Im Vordergrund steht für mich jedoch immer, dass Sie mit dem Männercheck ganz einfach arbeiten und ihn praktisch anwenden können.

4 Keine Sorge: Wenn Sie mit dem Buch durch sind, können Sie das auch!

eigene Gefühls- und Lebenswelt eins zu eins auf Ihren Partner übertragen. Machen Sie es doch, werden Sie Ihren Partner niemals verstehen.

Blättern wir gedanklich noch einmal zurück:

Um Bindung aufzubauen, müssen wir damit klarkommen, dass jemand anders handelt und denkt als wir selbst.

Die kleinen Unterschiede zwischen Männern und Frauen werden auf den folgenden Seiten immer wieder ein Thema sein, damit Sie in Zukunft besser in die Gefühlswelt der Männer eintauchen und Männer generell besser verstehen und lesen können.

Ich als Mann weiß, wie Männer ticken. Ich weiß, wie sie ihre Beziehungen organisieren. Wie sie ihre Stärken präsentieren und ihre Schwächen verstecken. Und ich bin vertraut mit den Trieben und den Gefühlen eines Mannes. Denn nur, weil wir Männer unsere Leidenschaften und Gefühle selten öffentlich offenbaren oder formulieren, bedeutet das nicht, dass wir sie nicht haben. Im Gegenteil: Männer lieben aus vollem Herzen. Vor allem, wenn es um Frauen geht, treiben uns unsere Lust und unsere Emotionen zur Höchstform und setzen im Positiven wie im Negativen Kräfte frei, die Frauen oft unterschätzen.

DER DATING-PFAU – WAS SIE BEI EINEM DATE NORMALERWEISE ÜBER EINEN MANN ERFAHREN (UND WAS NICHT)

Männer sind nicht dumm, wenn es darum geht, eine Frau zu verführen. Männer wissen ganz genau, was Frauen hören wollen und wie sie bei ihnen möglichst schnell möglichst viele

Punkte sammeln. Das können Männer, das haben sie gelernt und über die Jahre perfektioniert und verfeinert. In den ersten Dates verkaufen sich Männer wahnsinnig gut. Sie blasen den Kamm auf, stellen ihren Pfauenschweif auf und arbeiten mit allem, was sie haben. Gerade zu Beginn einer Beziehung scannen die meisten Männer die Bedürfnisse einer Frau extrem sensibel und versuchen anschließend, genau der Mann zu sein, den Frau sich wünscht. Für eine Beziehung ist das aber keine Basis – denn das hält auf Dauer keiner durch, wenn er nicht wirklich so ist.

Lässt eine Frau einen Mann bei einem Date gewähren, erhält sie von ihm im Grunde nur eine einzige Information:

»Ich bin ein toller Hecht!!!«

Alles, was der Mann von sich aus erzählt, dient dem Transport dieser einen Botschaft. Dass er es dabei mit der Wahrheit nicht so genau nimmt, können Sie sich sicherlich denken. Es ist nicht so, dass Männer beim Date lügen. Sie lassen eben nur gern alles aus, was einen Schatten auf das akribisch inszenierte Bild des Strahlemannes werfen könnte. Fällt eine Frau auf das Dating-Gebaren des Mannes herein, und verlässt sich zusätzlich auf das Kribbeln in ihrem Bauch, also auf die Chemie der Liebe, hat sie schon verloren (siehe auch »Der richtige Zeitpunkt für den Männercheck« auf Seite 30 ff.). Frauen, die auf stabile Beziehungen aus sind, dürfen niemals allein ihren Gefühlen und dem Gequatsche der Männer vertrauen. Männer beim Date sind wie das *Best-of*-Album eines Musikers, auf dem es nur die Hits zu hören gibt. Die wirklich guten Songs sind jedoch bei Weitem nicht alle Lieder, die der gute Mann in seinem Leben komponiert hat. Doch nach genau diesen Liedern, nach den Geschichten, die ein Mann nicht automatisch von sich preisgibt, fragen wir mit dem Männercheck.

DER RICHTIGE ZEITPUNKT FÜR DEN MÄNNERCHECK

Für den Männercheck gibt es nur einen richtigen Zeitpunkt:

sofort.

Sobald Sie merken, dass Sie sich zu einem Mann hingezogen fühlen und dass es vielleicht ernst werden könnte, müssen Sie checken, ob mit ihm eine Beziehung möglich ist. Je mehr Zeit Sie sich lassen, je mehr Zeit Sie den Hormonen geben, um Ihren Verstand zu benebeln, desto schwieriger wird es, den Männercheck durchzuziehen und sein Ergebnis zu akzeptieren.

Ich habe es oft erlebt, dass Frauen den Check mit der Begründung hintanstellten, dass sie sich ja noch gar nicht sicher wären, ob sie mit dem Mann überhaupt etwas anfangen wollen. Natürlich konnten diese Frauen sich noch nicht sicher sein. Studien haben ergeben, dass Frauen sich sehr viel langsamer als Männer verlieben. Wissenschaftler vermuten dahinter einen Selbstschutz, da Frauen in Beziehungen ein größeres Investment einbringen. Vor allem, wenn diese Beziehung einmal Kinder hervorbringen soll. Doch auch Liebe, die langsam wächst, entwickelt ihre Kraft. Nach einer Weile waren die Skeptikerinnen schließlich bis über beide Ohren in den Mann verschossen. Geblendet von den Schmetterlingen im Bauch entwickelten diese Frauen gegenüber den Alarmsignalen des Männerchecks eine Wird-schon-alles-nicht-so-schlimm-sein-Attitüde und ließen sich dennoch auf den Mann ein. Nur um ein paar Monate oder gar Jahre später enttäuscht zu werden.

Liebe macht uns blind. Das ist nicht einfach so dahergesagt, sondern eine hormonell bedingte wissenschaftlich belegte Tatsache. Hat die Chemie erst einmal zugeschlagen, ist es für vernünftige Argumente meist zu spät. Haben Sie schon einmal erlebt, wie Sie sich bei einer Ihrer frischverliebten Freundinnen gedacht haben »Die beiden passen doch gar nicht zueinander!« Doch als Sie versucht haben, Ihrer Freundin das zu sagen, stießen Ihre Bedenken auf vollkommen taube Ohren! Stattdessen durften Sie sich eine stundenlange Lobhudelei auf den in Ihren Augen falschen Mann anhören. Nur um Monate später die Tränen Ihrer Freundin zu trocknen und im Stillen zu denken: »Ich hab's dir doch gleich gesagt.«

Liebe ist eines der stärksten Gefühle überhaupt. Dagegen kann (und will) sich niemand wehren. Sobald Sie wirklich in einen Mann verliebt sind, werden Sie sich aus eigener Kraft nur noch sehr schwer von ihm lösen können. Aus diesem Grund gibt es für den Männercheck nur einen einzigen richtigen Zeitpunkt:

sofort.

Finden Sie einen Mann interessant, checken Sie ihn. Sofort. Selbst wenn Sie sich nicht in ihn verlieben, haben Sie zumindest an Ihrer Fähigkeit, Männer zu lesen, gearbeitet. Je öfter Sie den Check ausprobieren, desto sicherer werden Sie, desto leichter fällt Ihnen das Nachbohren, desto eher enttarnen Sie Ausweichstrategien. Wie bei den meisten Sachen im Leben gilt auch beim Männercheck: Übung macht die Meisterin. Bitte beachten Sie nur, dass ein Mann nicht immer zum Reden aufgelegt ist. Sie müssen die richtige Situation abpassen.

Situationen, in denen man besser nicht mit einem Mann redet: wenn er fernsieht oder liest.

Situationen, in denen man am besten mit einem Mann redet: beim Essen, beim Spazierengehen.

Grundsätzlich können Sie an die gewünschten Informationen auch per Telefon oder Mail gelangen.

Grundlage des Männerchecks ist jedoch das persönliche Gespräch. Nur so können Sie die ungetrübten Reaktionen des Mannes auf Ihre Fragen in das Checkergebnis mitein-beziehen.

PUNKT FÜR PUNKT – DER MÄNNERCHECK IN DER ÜBERSICHT

Bevor wir jeden einzelnen Punkt des Männerchecks ausführlich beleuchten, möchte ich Ihnen den Check erst in seiner Gesamtheit vorstellen. Folgende zehn Punkte ermöglichen Ihnen, sich ein fundiertes Urteil über die Beziehungsfähigkeit eines Mannes zu bilden:

Punkt 1: Seine Kindheit – Der Schlüsselpunkt für den Check, denn in der Kindheit erlebte Traumata, etwa durch eine Scheidung der Eltern, beeinflussen uns ein Leben lang, egal wie sehr wir sie zu verdrängen suchen oder glauben, dass wir darüber hinweg sind.

Punkt 2: Sein Verhältnis zu den Eltern heute – Wie eng ist der Kontakt zu seinen Eltern? Wie spricht ein Mann über seine Eltern? Dieser Punkt knüpft an Punkt 1 an und ist oft der beste Indikator für in der Kindheit erlebte Beziehungstraumen.

Punkt 3: Seine Beziehungsbiografie – Wie lange dauerte seine längste Beziehung? Weniger als zwei, drei Jahre? Warum der Satz »Ich habe die Richtige einfach noch nicht getroffen!« bei Männern immer eine Ausrede ist.

Punkt 4: Sein Singleleben – Wie lange ist er seit seiner letzten Trennung Single? Ein paar Wochen (in Ordnung!)? Mehrere Monate (Alarm!)? Männer und Frauen haben ganz unterschiedliche Trennungsmuster und leben auch das Singledasein vollkommen anders. Warum Singlefrauen nicht von der eigenen Gefühlswelt auf die eines Mannes schließen dürfen.

Punkt 5: Sein Verhältnis zur Sucht – Wie sehr braucht ein Mann bestimmte Substanzen wie Alkohol, Zigaretten oder Glücksspiele, um durch seinen Alltag zu kommen? Ab wann haben Männer die Kontrolle über sich verloren? Und welche Konsequenzen ergeben sich für eine Beziehung daraus?

Punkt 6: Sein Sport-Status – Treibt ein Mann Sport? Wie oft? Macht er einen Mannschafts- oder Einzelsport? Was das Verhältnis eines Mannes zum Sport über ihn verrät und warum Frau von Sportmuffeln die Finger lassen sollte.

Punkt 7: Sein Äußeres – Ein Mann darf gut aussehen. Definiert er sich jedoch zu sehr über sein Äußeres, wird es kompliziert. Was sagen Tattoos, Ohrringe, Piercings oder gefärbte Haare über die Beziehungsfähigkeit eines Mannes aus? Sehr viel!

Punkt 8: Seine Geschichten über die Ex – Was erzählt ein Mann über seine Exfrauen und Exbeziehungen? Äußert er sich negativ oder positiv? Warum positive Äußerungen erst einmal nicht verkehrt und negative Äußerungen eine Warnung sind.

Punkt 9: Seine Karriere – In der Karriere eines Mannes spiegelt sich sein Charakter und seine Einstellung zum Leben. Deshalb sollte jede Frau die Karriere eines Mannes ganz genau unter die Lupe nehmen. Probiert er ständig Neues aus? Oder verläuft seine Karriere zielgerichtet? Der im Beruf erreichte Status oder das verdiente Geld sind dabei nicht die ausschlaggebenden Kriterien. Vielmehr kommt es darauf an, wie ein Mann seinem Beruf nachgeht.

Punkt 10: Seine Freunde – Freunde verraten viel über einen Mann. So wie seine Freunde ist er nämlich auch. Vor allem seine besten Freunde und die Beziehung eines Mannes zu ihnen sollte sich eine Frau ganz genau anschauen.

Das ist sie, meine »Liste«. Die zehn Punkte, mit denen Sie die Antwort auf die Frage aller Liebesfragen herausfinden:

Beziehungsfähig?
Ja ◯
Nein ◯

Die Reihenfolge der Punkte des Checks ist nicht beliebig gewählt, sondern steht für ihre Bedeutung. Punkt 1 und 2, Kindheit und Elternbeziehung, sind die wichtigsten Punkte des Checks. Es handelt sich dabei um die beiden sogenannten Ursachenpunkte. Die Punkte 3 bis 10 sind sogenannte Symptompunkte. Auch hier sind die ersten beiden Punkte die wichtigsten, während die Punkte 5 bis 10 als Absicherung dienen.

Doch wie stehen Ursachen- und Symptompunkte zueinander? Ganz einfach: Ist in der Kindheit eines Mannes etwas schiefgelaufen, hat er in der Kindheit zum Beispiel ein Trauma erlebt, wird sich das mit hoher Wahrscheinlichkeit in den Symptompunkten niederschlagen.

Männer, die ihre Masche gegenüber Frauen gut beherrschen, sind durchaus in der Lage, eine Frau über die beiden Ursachenpunkte des Männerchecks im Unklaren zu lassen und auch das Nachfragen geschickt abzuwehren. Bei den Symptompunkten kommt er Ihnen jedoch nicht davon. Zum einen sind es sichtbare Zeichen (zum Beispiel sein Sport-Status, sein Äußeres, seine Freunde), die er nicht verbergen kann. Zum anderen sind es Informationen, von denen kein Mann glaubt, dass sie ihm bei einer Frau gefährlich sein könnten und er diesbezüglich lügen muss (zum Beispiel seine Karriere, seine Beziehungsbiografie, sein Singleleben). Springt Ihnen daher bei einem Mann ein bestimmter Symptompunkt ins Auge, können Sie sicher sein, dass gezieltes, noch intensiveres Fragen nach der Kindheit ein traumatisches Erlebnis zutage fördert.

Haben Sie eigentlich gemerkt, dass Sie gerade ebenfalls getestet wurden?

Ich habe Ihnen die zehn Punkte nicht nur zu Informationszwecken zuerst in einer Gesamtübersicht vorgestellt. Ich wollte eine ganz bestimmte Reaktion bei Ihnen provozieren:

Wetten, dass Sie beim Lesen der zehn Punkte des Checks sofort angefangen haben, sich selbst zu untersuchen?

Sie haben vielleicht über Ihre Beziehung zu Ihren Eltern nachgedacht, mit der es nicht zum Besten steht. Oder aber darüber, dass Sie ja selbst rauchen und auch mal ganz gerne einen guten Wein trinken. Und dass Sie durchaus gerne öfter Sport machen würden, aber einfach nicht die Zeit dafür finden, weil Sie beruflich viel zu sehr eingespannt sind. Bitte hören Sie auf damit, sich zu testen! Das häufigste Argument der Frauen, denen ich den Männercheck vorgestellt habe, lautete: »Aber diesen Test würde ich ja niemals bestehen.« Also denken Frauen, dass auch ein Mann ihn nicht bestehen kann und auch gar nicht zu bestehen braucht.

Es geht bei dem Männercheck nicht um Sie. Sie müssen und können diesen Test gar nicht bestehen, denn er funktioniert bei Frauen in dieser Form nicht (siehe auch Männercheck vs. Frauencheck). In gewissen Punkten ticken Mann und Frau einfach ein bisschen anders. Der Check berücksichtigt das. Doch betrachten wir nun die zehn Punkte des Checks im Detail, damit Sie verstehen, warum jeder einzelne so wichtig ist.

MÄNNERCHECK VS. FRAUENCHECK

Warum funktioniert der Männercheck nicht auch bei Frauen? Weil Männer und Frauen nicht gleich sind. An dieser Stelle sind wir wieder bei den kleinen Unterschieden zwischen den Geschlechtern. Der Männercheck funktioniert nur, wenn Sie als Frau folgende Regel beherzigen:

Schließen Sie nie von Ihren Gefühlen als Frau auf die Gefühle der Männer.

Sie werden sehen, dass sich diese Regel wie ein roter Faden durch den Männercheck zieht. Müsste ich einen Frauencheck entwickeln, wäre die Gewichtung der einzelnen Punkte eine ganz andere. Es beginnt damit, dass die Unfähigkeit oder die Angst, sich zu binden, insgesamt ein eher männliches Problem ist. Grund dafür ist, dass sich vor allem die Mutterbeziehung unterschiedlich auf Männer und Frauen auswirkt. Nach wie vor sind Mütter die wichtigsten Bezugspersonen für Kinder; vor allem in den ersten Lebensjahren, wenn Kinder »Beziehung« lernen. Läuft in dieser Zeit etwas schief, projizieren Männer das erlebte Trauma später leider auf ihre Partnerin. Frauen bekommen dieses Problem nur, wenn sie lesbisch sind.

Hinzu kommt, dass Frauen einen angeborenen Schutz haben, der sie bereits in der Kindheit besser vor Bindungstraumen schützt. Die genetische Disposition von Frauen ist viel stärker darauf ausgerichtet, erfolgreich soziale Kontakte herzustellen und sich mehr mit sich selbst und ihren Gefühlen auseinanderzusetzen. Bereits Experimente mit Babys zeigen, dass weibliche Säuglinge beispielsweise sehr viel länger auf Gesichter schauen als männliche. Im späteren Leben lässt sich die Wirkung dieser genetischen Disposition auch im Alltag beobachten. Während Frauenfreundschaften vor allem durch das Miteinanderreden und das Aufarbeiten von Gefühlen geprägt sind, unternehmen Männer mit ihren Freunden vor allem gemeinsam Dinge. Ihre Emotionen oder psychischen Probleme machen Männer vor allem mit sich selbst aus. Wenn man so will, heilen sich Frauen später oft selbst, indem sie ihre Gefühle immer wieder thematisieren und reflektieren. Männer können das nicht.

Meiner Erfahrung nach sind in der Kindheit traumatisierte Frauen später sogar besonders anhänglich und arbeiten sehr viel an ihren Beziehungen, so als würden sie sich mit der Beziehung im Jetzt vor dem Trauma aus der Vergangenheit schützen. In einem Frauencheck wäre das Thema Kindheit daher nicht so wichtig. Es spielt zwar eine Rolle, jedoch nicht so wie bei einem Mann. Streichen Sie daher bitte all Ihre persönlichen Empfindungen zu den einzelnen Punkten des Männerchecks. Gelingt Ihnen das nicht, werden die Ergebnisse des Checks automatisch entwertet.

KINDHEITSTRAUMEN – WARUM MANCHE MÄNNER BINDUNG NICHT LERNEN (KÖNNEN)

PUNKT 1 DES MÄNNERCHECKS: SEINE KINDHEIT

Bindung ist ein Bedürfnis, das uns angeboren ist. Es gehört wie das Bedürfnis nach Essen, Sexualität, Fortpflanzung oder psychischer und physischer Bewegung zu den Grundbedürfnissen des Menschen. Nur durch Bindung können wir Liebe, Sicherheit und Geborgenheit erfahren. Der Nachwuchs von uns Menschen kommt im Vergleich mit dem der Tierwelt sehr unfähig auf die Welt. Neugeborene können sich kaum bewegen und in den ersten Wochen ihres Lebens sehen sie noch sehr schlecht. Eine Sache aber, die können sogar Säuglinge gleich richtig gut: Bindung aufbauen. Die Methode ist zwar etwas brachial, doch das Weinen und Schreien von Säuglingen – so unangenehm es auch ist –, erfüllt einen immens wichtigen Zweck. Mit seiner Stimme versucht ein Säugling die Bindung herzustellen, ohne die er verloren wäre. Säuglinge müssen Mutter oder Vater herbeirufen, um versorgt zu werden und um sich sicher zu fühlen.

Unser Bindungsverhalten wird dabei mit den Monaten und Jahren immer ausgeprägter. Die Zahl der Bindungspersonen wird größer, auch wenn die Eltern, insbesondere die Mutter, nach wie vor die wichtigsten Bezugspersonen bleiben. Folgendes Phänomen haben Sie sicherlich schon Hunderte Male selbst erlebt: Bei – vermeintlicher – Gefahr suchen Kleinkinder instinktiv die Nähe zu ihren Eltern. Sie klammern sich an die Beine der Eltern oder verstecken sich hinter ihnen. Typisch bei Kleinkindern auf dem Arm ist das »Vergraben« des Kopfes in der Schuler der Eltern. Betreten Fremde die Wohnung, werden Kleinkinder sofort nervös, verfolgen die Eltern und protestieren, wenn sie mit den fremden Menschen »allein« gelassen werden, etwa weil Mama in die Küche geht, um noch einen Kaffee zu kochen. Zum Leidwesen aller gehören das Weinen und Schreien ebenfalls noch sehr lange zum Bindungsrepertoire heranwachsender Kinder. Bindungsängste – wie sie später bei Erwachsenen vorkommen – kennen Kinder nicht.

Wie sich unser Bindungsverhalten insgesamt und unser Sozialverhalten gegenüber anderen Menschen entwickelt, hängt entscheidend davon ab, wie Mutter und Vater sowie andere Bezugspersonen auf unsere Bindungswünsche in der Kindheit reagieren. Sie werden erstaunt sein, was da alles schiefgehen kann.

Wirklich wichtig für den Männercheck ist erst einmal nur: In der Kindheit lernen wir Bindung.

Oder eben auch nicht.

Aus diesem Grund ist die Kindheit eines Mannes der wichtigste Punkt im Männercheck. In ihr liegt der Schlüssel, ob ein Mann beziehungsfähig ist oder nicht. In der Kindheit erleb-

te Traumen, etwa hervorgerufen durch mangelnde Bindungserfahrungen, durch einschneidende Erlebnisse wie lebensbedrohliche Krankheiten, die Scheidung der Eltern oder den Tod
eines Elternteils oder Geschwisterkindes, können uns – ohne
Therapie – ein Leben lang verfolgen.

Wenn Sie wissen wollen, wie beziehungsfähig ein Mann ist,
müssen Sie seine Kindheit nach möglichen Traumen und etwa-
igen emotionalen Mangelerscheinungen wie fehlende Nestwärme oder zu wenig Aufmerksamkeit durchleuchten. Doch wie
stellen Sie das am besten an? Die Frage »Wie war denn deine
Kindheit?« ist nicht gerade ein guter Einstieg bei einem Date.
Wir brauchen einen eleganteren, unverfänglicheren Einstieg in
den Männercheck. Und den finden wir in Punkt 2 des Checks,
in der Beziehung eines Mannes zu seinen Eltern.

SEINE ELTERN – DER PERFEKTE EINSTIEG IN DEN MÄNNERCHECK

PUNKT 2 DES MÄNNERCHECKS:
SEINE BEZIEHUNG ZU DEN ELTERN

Die Frage nach den Eltern ist der Türöffner, der es uns ermöglicht, beinahe unbemerkt auf das Thema Kindheit hinzuarbeiten
und dort nach Traumen zu suchen. Die klassischen Einstiegsfragen in die Ursachenpunkte des Männerchecks lauten daher:

- »Leben deine Eltern denn noch?«
- »Wo wohnen deine Eltern?«
- »Siehst du sie noch oft?«

Im ersten Moment genieren sich viele Frauen, einem Mann diese Fragen zu stellen. Dafür gibt es keinen Grund. Ein Mann, der an einem gemeinsamen Leben mit ihnen interessiert ist und nicht nur an ein paar schönen gemeinsamen Nächten, wird nicht versuchen, etwas vor Ihnen zu verbergen. Er wird diese Fragen auch nicht als befremdlich empfinden. Ja, es sind sehr private Fragen. Aber wenn Sie für den Mann keine Fremde oder oberflächliche Bettgeschichte sind, sondern er ehrliches Interesse an Ihnen hat, wird er nicht versuchen, seine Privatsphäre vor Ihnen zu schützen. Im Gegenteil: Er wird Ihnen den roten Teppich ausrollen, damit Sie in sein Leben eintreten. Und er wird Sie mit allen Informationen versorgen, die für Sie nötig sind. Also stellen Sie diese Fragen und bohren Sie nach, wenn Sie merken, dass ein Mann versucht, Ihnen bei Fragen nach seinen Eltern auszuweichen. Tut er Letzteres, ist das ein erster Hinweis darauf, dass bei ihm etwas nicht in Ordnung ist.[5] Wenn jemand über etwas nicht reden will, sind Wunden da. Wo Wunden sind, hat es einen Kampf gegeben. Eine schlechte Beziehung zu den Eltern im Jetzt deutet immer auf Probleme in der Kindheit hin. Wer eine gute Kindheit hatte, pflegt auch noch im Erwachsenenalter eine gute Beziehung zu seinen Eltern.

Scheidungskinder – Warum die Scheidung der Eltern Kinder ein Leben lang verfolgt

Das wohl essenziellste Kindheitstrauma ist die Scheidung der Eltern. Daher ergänzen wir die drei Einstiegsfragen in den Männercheck an dieser Stelle doch mal ein wenig.

---

5   Oder dass der Mann doch nicht so sehr an Ihnen interessiert ist, wie er vorgab zu sein.

»Leben deine Eltern denn noch?«

»Ja, beide.«

»Wohnen sie auch hier in der Stadt?«

»Ja.«

»Seht ihr euch oft?«

»Gelegentlich, wir telefonieren meist nur.«

»Wie lang sind die beiden denn verheiratet?«[6]

Spätestens nach der letzten Frage liegen die Karten in Sachen Scheidung auf dem Tisch.

2014 erlebten 134 803 Kinder in Deutschland die Scheidung ihrer Eltern. In den Jahren zuvor waren es oft mehr, manchmal weniger. Der Wert pendelt mit Ausschlag nach oben wie unten um die Zahl 140 000. Ich selbst bin in einer Zeit groß geworden, in der man davon ausging, dass Kinder – wenn man es ihnen nur vernünftig erklärte – die Scheidung ihrer Eltern schon verkraften würden. »Kinder sind stabil«, hieß es immer. Und tatsächlich zeigen die meisten Kinder in den ersten Monaten und Jahren nach der Scheidung ja auch kaum auffallende Symptome. Sogar die Schulnoten fangen sich nach einem kurzen Einbruch wieder. Ist also alles in Ordnung mit Scheidungskindern?

Nein.

Längst haben Langzeitstudien in den USA und auch in Deutschland belegt: Scheidungskinder haben später ein größeres Risiko, sich zu trennen, als Kinder, die bei Eltern mit einer intakten Beziehung aufgewachsen sind. Interessant dabei ist,

---

6 Keine Sorge, Sie müssen sich diese Fragen nicht alle gleich merken. Ab S. 175 finden Sie die Themen des Männerchecks und die entsprechenden Fragen noch einmal kompakt sortiert und zusammengefasst. Dort können Sie Ihre Fragetechnik schulen. In diesem Kapitel will ich erst einmal darlegen, warum Sie einem Mann all diese Fragen überhaupt stellen müssen.

dass Patchworkfamilien diesen Effekt sogar noch verstärken. Es ist für die Kinder also mitnichten besser, wenn Mutter oder Vater in eine neue Familie hineinfinden. Im Gegenteil: Kinder von Alleinerziehenden versuchen später, länger an ihren Beziehungen zu arbeiten und in ihnen zu bleiben. Da sie keinen neuen Partner bei den Eltern erleben, bleibt die Exbeziehung zwischen Vater und Mutter etwas Besonderes. Das Thema Beziehung wird in den Augen der Kinder nicht beliebig. Ein erhöhtes Trennungsrisiko haben Kinder von alleinerziehenden Eltern dennoch.

Scheidungskinder sind speziell. Und sie haben jedes Recht dazu. Die Scheidung der Eltern ist nicht zu vergleichen mit einem Arm- oder Beinbruch. Sie ist ein tiefer Einschnitt in die Psyche eines Kindes. Denken Sie doch einmal an Ihre eigene Kindheit zurück. Sind Sie damals am frühen Morgen auch so gern zu Ihren Eltern ins Bett gekrochen? Kinder lieben es, am frühen Morgen zu ihren Eltern ins Bett zu kriechen. Im Bett der Eltern ist es schön warm. Es riecht nach Mama und Papa. Man kann kuscheln und den Beginn des Tages noch ein wenig hinauszögern. Das Bett der Eltern ist für Kinder die Urzelle des Vertrauens. Es ist der Ort, der einem vor allem Bösen beschützt. Aus diesem Bild holen sich Kinder ihre Kraft. Sie wissen: Mama und Papa halten zusammen. Sie sind eine Gemeinschaft. Und für mich da.

Was aber erlebt ein Kind bei der Scheidung?

Es erlebt, wie dieses Bett plötzlich in zwei Hälften geteilt wird. Und dazwischen tut sich mit einem Mal eine Lücke auf, ein schwarzer Abgrund. Egal, wie gut Mutter und Vater mit sich selbst und den Kindern während der Scheidung umgehen, dieses Bild bleibt bei Scheidungskindern haften. Eine Scheidung zerstört das Urvertrauen von Kindern. Zurück bleiben Kinder mit geschwächter emotionaler Basis.

Mittlerweile sind die psychischen Belastungen, die für Kinder durch die Scheidung der Eltern entstehen, gut untersucht. Folgende Auffälligkeiten haben sich dabei ergeben:

- Scheidungskinder haben eher Sex, aber kaum lange Beziehungen. (Sie wollen und suchen Geborgenheit, schaffen es aber nicht, sich ganz darauf einzulassen.)
- Scheidungskinder glauben (häufig unbewusst), dass ihnen mit einem Partner das Gleiche widerfahren wird wie den Eltern. Eine Beziehung bedeutet für sie immer Angst. Die Gleichung »Beziehung = Liebe + Sicherheit« gilt für Scheidungskinder nicht.
- Scheidungskinder finden nach der Schule nur schwer Ziele im Leben. Auch bei der Berufswahl sind sie unsicher.
- Etwas weniger als die Hälfte der Scheidungskinder versucht, später erst gar nicht zu heiraten.
- Noch nach Jahrzehnten suchen Scheidungskinder die Schuld an der Trennung der Eltern bei sich.
- Jungen tun sich schwerer damit, die Trennung ihrer Eltern zu verarbeiten.

Beziehungs- und Bindungserfahrungen prägen uns. Die Lektion, die Scheidungskinder aus dem Ende der Ehe ihrer Eltern lernen, klingt erst einmal gar nicht so schlimm: Das Leben geht auch nach einer Scheidung weiter. Doch die Wirkung, die diese Erfahrung hat, ist alles andere als positiv: Stecken Scheidungskinder selbst in einer Beziehung, ist bei Konflikten eine Trennung für sie sofort eine ganz konkrete und als wenig schmerzvoll empfundene Option. Schließlich haben sie das Ganze ja schon einmal durchgemacht. Sie kennen sich aus mit den Bewältigungs- und Verdrängungsstrategien im Trennungsfall. Meist handelt es sich bei diesen Strategien zwar nicht um gesunde therapeutische Maßnahmen, sondern um die Flucht in Alkohol, kurzfristige (Sex-)Beziehungen, in die Arbeit, in die Kriminalität oder extreme Freizeitaktivitäten, aber Scheidungskinder denken: »Ich komme mit einer Trennung klar. Ich weiß doch, wie der Hase läuft.«

Scheidungskinder kämpfen seltener um eine Beziehung. Ihnen fehlt das positive Vorbild, das ihnen aufzeigt, dass es sich lohnt, an einer Beziehung zu arbeiten und auch mal eine Krise – und die gibt es in jeder Beziehung – durchzustehen und letztlich zu meistern.

Trauma oder nicht? Warum der Zeitpunkt einer Scheidung darüber entscheidet, wie sehr Kinder darunter leiden

Doch zurück zum Check: Ist das Thema Scheidung auf dem Tisch, können und dürfen Sie den Mann jedoch nicht gleich von ihrer Kandidatenliste streichen. Noch hat er nämlich eine Chance bei Ihnen. Ob es zwischen Ihnen und ihm doch noch etwas werden kann, hängt von der Antwort auf die folgende Frage ab:

»Deine Eltern sind geschieden? Das ist aber schade. Wie alt warst du, als es passiert ist?«

Scheidungen vor und in der Pubertät sind ein Problem. Scheidungen nach der Pubertät hinterlassen bei Kindern, die dann ja eigentlich keine Kinder mehr, sondern junge Erwachsene sind, nicht dieselben traumatischen Spuren. Pubertät ist das Ringen der Kinder um ein eigenes Leben. Kinder lösen sich während der Pubertät von ihren Eltern. Nie im Leben würden sie in dieser Zeit auf den Gedanken kommen, am Sonntagmorgen ins Bett der Eltern zu kriechen. Und spricht man sie darauf an, dass es noch gar nicht so lange her sei, dass sie genau das doch so gern gemacht haben, blicken sie einen verständnislos an, als wüssten sie gar nicht, worüber man redet. Das elterliche Bett und die elterliche Beziehung hat für sie nicht mehr dieselbe Bedeutung wie früher. Haben Kinder diesen Punkt erreicht, beginnen sie, ihre eigenen Beziehungen aufzubauen. Beziehungen, die über Freundschaft hinausgehen. In ihnen kann jetzt gar nicht mehr so viel kaputtgehen. Halten wir daher fest: Nach der Pubertät ist die Persönlichkeit stabiler und kann ein Ereignis wie eine Scheidung der Eltern eher verarbeiten. Die Symptompunkte, zu denen wir später noch kommen, werden zeigen, ob das dem Mann gelungen ist.[7]

Es ist nicht ungewöhnlich, dass Eltern sich trennen, wenn ihre Kinder aus dem Gröbsten heraus und selbstständig genug sind. Es gibt in Beziehungen immer wieder bestimmte Phasen, in denen ein Paar auf die Probe gestellt wird. Die Phase, in der das Verliebtsein abklingt, haben wir bereits genannt. Auch die Geburt des ersten Kindes ist für viele Beziehungen eine Herausforderung, an der die jungen Eltern scheitern. 40 Prozent der Paare mit Kindern lassen sich bereits im ersten Jahr nach

---

[7] Erfolgt eine Scheidung während der Pubertät, werden Sie mit dem Check auch problemlos herausfinden, wie weit ein Mann sich damals bereits von seinen Eltern gelöst hatte. War er bereits stark genug, das Ereignis zu verarbeiten, oder bedeutete die Scheidung eine traumatische Zäsur in seinem Leben?

der Geburt des Kindes scheiden.[8] Hat ein Paar das erste Kind »überstanden«, kommt die Beziehung mit der möglichen Geburt eines zweiten Kindes erneut auf den Prüfstand. Die nächste Feuerprobe wartet, wenn die Kinder die Pubertät hinter sich haben: Liebe, haben wissenschaftliche Studien ergeben, ist etwa auf einen Zeitraum von 18 bis 20 Jahren angelegt.

Männer, deren Eltern sich vor deren Pubertät scheiden ließen, sind wenig oder kaum beziehungsfähig. Schauen Sie dieser Wahrheit ins Auge. Mit diesem Mann können Sie nicht glücklich werden. Ich weiß, dass viele Frauen sich damit schwertun. Schließlich kann doch ein Kind nichts für die Scheidung der Eltern. Das ist richtig. Und wenn Sie es wollen, können Sie diesem Mann auch zur Seite stehen. Aber nicht als seine Frau, sondern als gute Freundin – soweit es möglich ist. Geben Sie Ihrem Helferinstinkt nicht nach. Sie werden diesen Mann durch eine Beziehung nicht retten. Versuchen Sie es dennoch, opfern Sie mit dieser Beziehung Ihr eigenes Lebensglück.

Familienglück? Wie das Familienleben die Bindungsfähigkeit prägt – oder auch nicht

Doch was ist mit Männern, deren Eltern durchgehalten haben? Deren Eltern sich nicht haben scheiden lassen? Erhalten Sie automatisch ein Häkchen hinter Punkt 1 des Männerchecks? Leider nein. Sind die Eltern nicht geschieden, müssen Sie herausfinden, was für eine Art von Ehe die Eltern geführt haben.

---

8   Auch wenn wir uns später nicht konkret an unsere ersten drei Lebensjahre und eine dort erfolgte Scheidung erinnern können (unser autobiografisches Gedächtnis entwickelt sich erst später), beeinflusst auch eine Scheidung im Kleinkindalter, wie wir Bindung lernen. Das noch nicht so stark ausgeprägte Bewusstsein verleitet viele zu denken, dass eine frühe Scheidung weniger traumatisch sei. Das ist leider nicht der Fall.

Wie schon zuvor gilt auch hier der Grundsatz: Warten Sie nicht darauf, dass ein Mann von sich aus über seine Eltern oder seine Kindheit erzählt. Gehen Sie das Thema aktiv an, zum Beispiel mit den folgenden Fragen:

- »Was machen deine Eltern beruflich?«
- »War deine Mutter zu Hause oder hat sie gearbeitet, als du ein Kind warst?«

Mit diesen Fragen steigen Sie in das Thema Familienleben ein, um herauszufinden, mit wie viel Liebe und Zuwendung ihr Partnerschaftskandidat aufgewachsen ist. Wir hatten bereits festgestellt: Als Kinder lernen wir Bindung. Das geschieht vor allem in unserer Familie. Doch auch in einer vermeintlich stabilen Familie kann es an Zuwendung und Liebe mangeln. Die Frage ist: Befassen sich die Eltern emotional mit ihren Kindern? Oder werden diese lediglich mehr oder weniger gut im materiellen Sinne versorgt? Gestalten die Eltern ein liebevolles Familienleben? Wie viel Raum nimmt die Berufstätigkeit der Eltern ein? Ist noch Zeit für Zuwendung und gemeinsame Erlebnisse? Ist für den Fall, dass die Eltern beide Vollzeit arbeiten, für eine liebevolle Kinderbetreuung mit festen Bezugspersonen gesorgt? Oder werden die Kinder ab einem bestimmten Alter eher sich selbst überlassen?

- Wie viel Aufmerksamkeit hat ein Kind von seinen Eltern bekommen?
- Wie viel Nestwärme hat ein Kind erlebt?
- Wie viel Liebe hat ein Kind erfahren?

Diese Fragen sind wichtig für die spätere Entwicklung. Wissenschaftler haben herausgefunden, dass Menschen, die in ihren ersten Lebensmonaten und -jahren besonders viel Liebe erfahren haben, eine höhere Dichte an Vasopressin-Rezeptoren im Gehirn aufweisen. Das Treuehormon Vasopressin stärkt unsere Bindungsfähigkeit. Bei Menschen, die in den ersten Lebensmonaten von ihren Eltern viel Liebe erfahren, kann das Treuehormon dank der höheren Rezeptorenanzahl später viel besser wirken. Stabile, lang anhaltende Beziehungen sind daher bei Kindern, die mit viel Liebe aufgewachsenen sind, sehr viel wahrscheinlicher.

Kinder, denen bereits in den ersten Lebensmonaten die Liebe der Eltern versagt bleibt, weil diese sich beispielsweise in ihrer Arbeit aufreiben oder Liebe und Zuwendung durch materiellen Wohlstand ersetzt wird, entwickeln dagegen sehr viel weniger Vasopressinrezeptoren. Das Treuhormon schlägt bei ihnen nicht so stark an, wodurch ihre Bindungsfähigkeit insgesamt sinkt.

DAS SCHLECHTE GEWISSEN DER VOLLZEIT-MÜTTER

Mütter, die in Vollzeit arbeiten, haben ein permanent schlechtes Gewissen gegenüber ihren Kindern. In der Erziehung neigen diese Mütter dazu, ihren Kindern sehr viel mehr durchgehen zu lassen, um das Fehlen tagsüber wiedergutzumachen. Logisch, dass Kinder die Freiheiten, die ihnen Eltern gewähren, nicht immer nur zum Besten nutzen. Ich habe das bei einem guten Freund erlebt. Dieser hatte zwei ältere Geschwister, bei denen die Mutter noch zu Hause geblieben war. Als das dritte Kind, mein Freund, alt genug für den Kindergarten war, begann sie jedoch wieder zu arbeiten. Nun raten Sie mal, wer von den drei Geschwistern als Erstes anfing zu rauchen und sich auffällige Tattoos stechen zu lassen? Es geht mir nicht darum, die arbeitende Mutter zu verteufeln. Ich möchte nur darauf hinweisen, dass die Arbeit der Eltern zulasten des Familienlebens gehen kann. Ich kenne eine Familie, in der haben die Kinder den Vater unter der Woche nie zu Gesicht bekommen. Die Mutter brachte die Kinder unter dem Hinweis, dass der Vater bald nach Hause käme, extra ins Bett, damit ihr Mann auch ja ein ruhiges Zuhause vorfindet, in dem er sich von seiner Arbeit erholen konnte. Die Kinder hätten dabei gestört. Ein FamilienLEBEN sieht anders aus. Mein Vater war beispielsweise Fernfahrer und daher auch mal drei Tage am Stück nicht zu Hause. Doch wenn er zu Hause war, dann nahm er sich Zeit für uns Kinder. Wir unternahmen Ausflüge, haben Fußball gespielt, gingen ins Schwimmbad ... Auch wenn vorwiegend meine Mutter für Liebe und Nestwärme sorgte, fühlten wir uns unserem Vater, der eben der Versorger der Familie war, nah, da er sich nicht aus der Familie ausklinkte, sondern erzieherisch anwesend war und in den Momenten, in denen wir zusammen waren, Nähe suchte und zuließ. Nicht die arbeitende Mutter und der arbeitende Vater sind für Kinder automatisch ein Problem. Es gibt so viele Lebensentwürfe. Auf dem Land, da laufen Kinder oft einfach nur so mit. Dort wachsen sie in großer Freiheit auf, sie haben ganz andere Bewegungsräume und freie Zeit, die sie selbst gestalten. Vielleicht verbringen diese Kinder am Ende des Tages genauso wenig Zeit mit ihren Eltern wie Kinder, deren Mutter und Vater in Vollzeit arbeiten. Dennoch kann beides funktionieren, wenn die Zeit, die Eltern und Kind miteinander verbringen, von Liebe geprägt ist. Daher schauen Sie nicht so sehr auf die Familienkonstellation Ihres Partners, sondern darauf, wie die Familie miteinander umgegangen ist und noch immer umgeht. Suchen Sie nach Liebe, Aufmerksamkeit und Zuneigung! Finden Sie diese, ist alles gut.

Typische Fragen, um mehr über die Eltern-Kind-Beziehung zu erfahren, können sein:

- »Waren deine Eltern streng?«
- »Wer hat dich getröstet, wenn dir etwas zugestoßen ist?«
- »Wie sah ein typisches Wochenende bei euch aus?«
- »Was habt ihr an einem typischen Sonntagmorgen zu Hause gemacht?«
- »Wie lief der Samstagabend bei euch zu Hause ab?«
- »Was hast du am liebsten mit deiner Mutter gemacht? Was mit deinem Vater?«

Suchen Sie in den Antworten auf diese Fragen nach Nähe! Hat es keine Nähe zwischen dem Mann und seinen Eltern gegeben, hat der Mann ein Problem. Kuscheln oder In-den-Arm-genommen-Werden sind wichtig. Nur dadurch lernen wir Liebe! Männer, die in ihrer Kindheit wenig Liebe erfahren haben, können diese später auch nicht geben. Viele Frauen verzweifeln daran, dass ihr Mann sie kaum in den Arm nimmt, sie wenig berührt, nicht kuschelt oder ihre Nähe nicht wirklich sucht. Diese Frauen sind unwissend an genau den Typ Mann geraten, der von seinen Eltern in Sachen Liebe vernachlässigt wurde. Eine glückliche Beziehung ist mit einem solchen Mann nicht möglich (siehe auch S. 53 »Fehlende Nestwärme – Fünf Familienszenarien«).

Alkoholsucht oder psychische Erkrankungen können ebenfalls Ursache für fehlende Bindungs- und Beziehungsfähigkeit sein. Die Frage »Wie geht es deinen Eltern?« muss daher ebenfalls gestellt werden. Und weil es wirklich wichtig ist, lassen Sie sich nicht abspeisen. Bohren Sie im Fall von einsilbigen Antworten immer nach:

- »Wie geht es deinen Eltern?«
- »Sind beide noch gesund?«

Oft hilft es, wenn Sie mit einer kleinen Krankheitsgeschichte über Ihre eigenen Eltern das Eis brechen. Beherrscht ein Mann seine Masche, wird er mit Sicherheit nachfragen. Er wird wissen wollen, wie es Ihnen damit geht, dass Ihre Eltern älter und anfälliger für Krankheiten werden. Lassen Sie sich nicht davon einlullen. Der Mann darf nicht davonkommen, ohne die Geschichte seiner Eltern ebenfalls preiszugeben.

Das Alter der Eltern spielt für den Check keine Rolle. Ob Mutter und Vater Ihres Dates jung oder sehr spät Eltern geworden sind, ist nicht weiter aussagekräftig. Es geht einzig und allein darum, wie viel Liebe die Eltern ihrem Kind mit auf den Lebensweg gegeben haben. Es gibt Menschen, die das bereits mit Anfang 20 können, und andere, die das mit 40 noch nicht gelernt haben und auch nicht mehr lernen werden.

Ebenso wenig wie das Alter der Eltern spielen auch mögliche Geschwisterkinder keine Rolle für den Männercheck. Ob ein Mann als Einzel- oder Geschwisterkind aufwächst, ist kein relevantes Kriterium für die Entwicklung von Bindungsfähigkeit.

FEHLENDE NESTWÄRME – FÜNF TYPISCHE FAMILIENSZENARIEN

Emotionale Vernachlässigung in den ersten Lebensjahren hat viele Gesichter. Ich möchte Ihnen nur einige Formen aufzeigen, die – wissenschaftlich untersucht – dazu führen, dass wir Bindung gar nicht oder nur fehlerhaft lernen. Diese Beispiele sollen Sie sensibilisieren, damit Sie das Miteinander in der Familie eines Mannes besser einordnen und wenn nötig besser hinterfragen können.

Die Idealbedingungen

Sucht ein Kleinkind nach Bindung, reagiert seine Mutter oder eine andere Bezugsperson unmittelbar auf den Bindungswunsch und spendet Trost. Zusätzlich treten die Bezugspersonen von sich aus an das Kleinkind heran und äußern so ihre eigenen Bindungswünsche (Beziehungen sind keine Einbahnstraße!). Beide, Kleinkind und Bezugsperson, genießen das Miteinander. Wichtig: Das Kleinkind kann über das Ende des Kontaktes mit der Bezugsperson selbst (mit)bestimmen. Das Interesse des Kleinkindes an anderen Dingen und Personen wird positiv aufgenommen und unterstützt.

1. Das Schmusen mit der Stoppuhr

In dieser Konstellation erfahren Kleinkinder Bindung nicht als ein harmonisches Miteinander, sondern als etwas, das schnell erledigt werden muss. Kleinkinder bekommen von der Bezugsperson durch Ungeduld, Ärger oder Grobheit signalisiert, dass ihr Bindungsverhalten stört und unerwünscht ist. Die Bezugsperson kommt dem Bindungswunsch zwar nach, allerdings widerwillig. Nicht das Kleinkind, sondern die Bezugsperson bestimmt den Zeitpunkt über das Ende des Kontaktes. Kleinkinder, die mit dieser Erfahrung groß werden, lernen bereits innerhalb des ersten Lebensjahres, ihre Bindungswünsche nicht mehr zu äußern.

2. Das Lob fürs Alleinsein

Mit dem Schmusen nach Stoppuhr geht auch oft das Lob für Alleinsein einher. Sehr viele Kleinkinder erfahren von ihren zeitlich beanspruchten Bezugspersonen besonders häufig Lob für ihr Alleinspiel. Mutter oder Vater loben das Kind immer dann, wenn es sich über längere Zeit allein beschäftigt und seine Bindungswünsche hintangestellt hat. Werden diese Kleinkinder dann doch einmal von den Bezugspersonen in den Arm genommen, ertragen die Kinder diese Nähe nur schwer. Sie machen sich steif, versuchen, sich aus der Umarmung zu lösen, und können diese nicht genießen.

3. Liebe als Belohnung

Ebenfalls problematisch sind Familienbeziehungen, in denen das Kleinkind Liebe und Zuwendung nur dann erfährt, wenn es sich »richtig« verhält. Manche Mutter und Väter überhäufen ihr Kind mit ständigen Anweisungen. Funktioniert das Kind, entspricht sein Verhalten den Erwartungen der Eltern, erfüllen diese dem Kind seinen Bindungswunsch. Im späteren Leben empfinden diese Kinder Beziehungen als eine ständige Bedrohung ihrer Freiheit. Sie erfahren Liebe nicht als selbstlos, sondern als zweckgebunden: Wenn sie geliebt werden wollen, müssen sie sich so verhalten, wie der andere es will.

4. Mein Kind nur für mich

Manche Mütter neigen dazu, ihr Kind ständig bei sich zu behalten. Sie können es – meist unbewusst – nicht ertragen, wenn ihr Kind mit anderen Kindern spielt oder die Nähe von anderen Bezugspersonen sucht. Wendet sich das Kind einmal von ihnen ab, greifen diese Mütter sofort ein, unterbinden das Spiel ihres Kindes und holen es wieder zu sich. In der Folge entwickeln diese Kinder eine ausschließlich auf die Mutter fixierte Bindung und leben in der ständigen Angst, ihre primäre (und einzige) Bezugsperson zu verlieren. Auch Jahre später assoziieren sie Bindung am stärksten mit diesem einen Gefühl: Verlustangst. Das Überbehütetsein ist für Kinder genauso schädlich wie zu wenig Liebe.

5. Eltern im Dauerstress

Ein weiteres häufiges Szenario ist das der gestressten Eltern. Sie wollen es eigentlich gut machen, es gelingt ihnen jedoch nicht. Entweder, weil es noch weitere Kinder im Haushalt gibt, die der Aufmerksamkeit bedürfen, oder weil die Eltern mit sich selbst oder anderen Dingen beschäftigt sind. Ihre Reaktionen auf den Bindungswunsch eines Kleinkindes fallen sehr unterschiedlich aus, je nachdem, ob die Eltern gerade Zeit haben oder nicht. Beim Kind führt das zu einer großen Verunsicherung, die dazu führt, dass diese Kinder ihren Wunsch nach Bindung fortan besonders lautstark und drastisch vorbringen. Bindung ist für diese Kinder etwas, um das man kämpfen muss.

Wie stark sich solche Familiensituationen letztendlich auf die Beziehungsfähigkeit auswirken, ist in jedem Fall unterschiedlich. Bei dem einen fangen vielleicht die Großeltern die fehlende Nestwärme auf. Bei anderen ein liebevolles Kindermädchen. Es würde daher niemals ausreichen, nur die Kindheit und die Elternbeziehung eines Mannes zu durchleuchten, um über seine Beziehungsfähigkeit zu urteilen. Erst das Zusammenspiel zwischen den Ursachen- und den Symptompunkten des Männerchecks verschafft Ihnen wirklich Klarheit.

Krankheiten und Unfälle – Krisen als Ursache von Kindheitstraumen

Nicht nur geschiedene Eltern, fehlende Liebe und Zuwendung oder ein nicht existentes Familienleben können Traumen hervorrufen. Auch Unfälle und schwerwiegende Krankheiten können negative Auswirkungen auf die spätere Bindungsfähigkeit eines Mannes haben.

Kommt ein Kind beispielsweise sehr früh in seinem Leben in eine lebensbedrohliche Situation, kann sich das ungünstig auf die Eltern-Kind-Beziehung auswirken, zum Beispiel durch das Phänomen der prämortalen Trauer. Den Tod des Kindes vor Augen, beginnen viele Eltern bereits zu trauern, sind niedergeschlagen und sehr mit sich beschäftigt, statt ihrem Kind zu 100 Prozent beizustehen. Das Kind empfindet diese vorgezogene prämortale Trauer als Abwendung der Eltern. In der Folge entsteht bei diesen Kindern, auch wenn die lebensbedrohliche Situation letztlich doch noch gemeistert wird, ein höheres Depressionsrisiko und eine Entwicklungsstörung des Bindungsverhaltens.

Eine gute Frage, mit der Sie auf dieses schwierige Thema hinarbeiten können, lautet:

»Musstest du als Kind einmal ins Krankenhaus?«

Bei Jungen sind Krankheiten oder Unfälle insbesondere auch dann problematisch, wenn sie dadurch an Stärke verlieren und sich gegenüber anderen Jungen herabgesetzt fühlen. Darunter leidet ihr Selbstbewusstsein. Hier müssen Sie herausfinden, was davon innerhalb der Familie aufgefangen werden konnte oder ob sich die Krankheit oder ein durch einen Unfall hervorgerufenes Handicap negativ in der Psyche niedergeschlagen hat.

Fettleibigkeit in der Kindheit kann bei Jungen ebenfalls ein Trauma hervorrufen. Auch hier kommt es zu Demütigungen, verbunden mit dem Gefühl, schwächer und weniger wert zu sein als andere Jungen. Gelingt es dem Mann, seine Fettleibigkeit in der Pubertät zu überwinden, sind die Folgen jedoch nicht so gravierend.

Das wohl schrecklichste Kindheitstrauma wird durch sexuellen Missbrauch hervorgerufen. Den bleibenden Schäden, die ein solches Trauma hervorruft, ist nur mit professioneller Hilfe beizukommen.

Doch ich möchte mich an dieser Stelle keinesfalls in Hoffnungslosigkeit verlieren: Generell sind Krisen in einer Familie kein abschließendes Urteil. Sollten Sie herausfinden, dass Ihr Schwarm in seiner Kindheit eine oder mehrere Krisensituationen zu bewältigen hatte, müssen Sie nicht gleich den Stab über ihm brechen. Der Jobverlust eines Elternteils verbunden mit finanziellen Einschnitten, Unfälle oder Krankheiten sind kein Urteil an sich. Es kommt wirklich immer darauf an, wie in der

Familie mit der Krise umgegangen wurde. Die einen scheitern an Krisen, die anderen meistern sie und gehen hinterher sogar gestärkt daraus hervor. Ich kenne viele Familien, die durch Schicksalsschläge noch enger zusammengerückt sind.

Daher noch einmal mein dringender Rat: Sollten Sie im Gespräch Zeichen für eine Kindheitskrise entdecken, hören Sie bitte nicht auf, Fragen zu stellen, weil Sie glauben, dass es sowieso keinen Zweck mehr habe. Im Gegenteil: Bohren Sie nach, versuchen Sie bitte immer, sich ein so umfangreiches Bild wie möglich von der Situation zu machen.

Fassadenmenschen – warum Sie vor scheinbar intakten Familienhäusern auf der Hut sein müssen

Es gibt auch scheinbar intakte Elternhäuser. Hier hinter die Kulissen zu schauen, ist besonders schwer. In scheinbar intakten Elternhäusern finden wir Mutter und Vater vor, die zwar als Team funktionieren, gegenüber ihren Kindern jedoch kaum Anteilname zeigen und wohl auch nicht empfinden. Auf einen solchen Fall bin ich durch Zufall bei einer Freundin gestoßen. Diese Freundin wurde als Kind Opfer einer Vergewaltigung. Als ich sie nach der Reaktion ihrer Eltern fragte, antwortete sie: »Die haben das nur sehr schwer verkraftet.« Statt ihr Kind zu trösten, wütend auf den Vergewaltiger zu sein, reagierten die Eltern, als hätte ihr Kind etwas angestellt, dessen man sich schämen müsse. Die Eltern, insbesondere der Vater, waren sogenannte Fassadenmenschen. Darunter verstehe ich Menschen, die sich in jedem Bereich hinter scheinbar begehrenswerten Äußerlichkeiten verstecken. Kinder dieser Menschen müssen in erster Linie funktionieren – das Bild der perfekten

Familie muss aufrechterhalten werden. Sind an der Fassade jedoch plötzlich Risse zu sehen, etwa weil das Kind plötzlich zu rauchen anfängt, die falsche Musik hört oder die Leistungen in der Schule schlechter werden, gerät die heile Welt dieser Menschen vollkommen auseinander. Sie können die Ursache solcher »Schicksalsschläge« auch nicht verstehen, schließlich haben sie doch immer dafür gesorgt, dass es ihrem Kind an nichts fehlt. In materieller Hinsicht ist das vielleicht richtig, jedoch lassen sich mit materiellen Dingen die emotionalen Bedürfnisse eines Kindes niemals befriedigen.

Diese fehlende Empathie zu entdecken ist wie gesagt sehr schwer. Aber oft hilft es, einfach nach Extremsituationen in der Kindheit zu fragen (»Was ist deine schlimmste Kindheitserinnerung?«) und zu erfahren, wie die Eltern darauf gegenüber dem Kind reagiert haben.

Familiengeheimnisse – warum verdrängte Erinnerungen unsere Beziehungsfähigkeit schädigen können

Manchmal erleben wir in unserer Kindheit Traumen, an die wir uns als Erwachsene nicht mehr erinnern können. Wohl in jeder Familie gibt es dunkle Geheimnisse, über die nicht gern gesprochen wird. Nicht alle verursachen Traumen. Einige aber schon. »Erwischen« Kinder ihre Eltern beispielsweise beim Sex, versuchen Eltern manchmal, die Erinnerungen der Kinder an das Erlebte zu manipulieren oder gar lächerlich zu machen. »Das hast du nur geträumt!« heißt es dann. Oder: »Das war alles nur Einbildung.« Jahre später können wir uns an das Geschehen längst nicht mehr erinnern. Doch im schlimmsten Fall haben wir bereits als Kinder etwas sehr Wichtiges verlernt:

Wir vertrauen unserer eigenen Wahrnehmung nicht mehr.

Wer sich selbst und seinen Sinnen nicht über den Weg traut, der tut sich auch schwer, anderen Menschen zu vertrauen. Doch ohne Vertrauen zu anderen entwickeln wir keine oder nur eine eingeschränkte Beziehungsfähigkeit. Ein Teufelskreis, der seinen Anfang in einer Kleinigkeit nimmt, die für unsere Entwicklung vollkommen unbedeutend ist, durch falsche Scham jedoch zu einem psychischen Sprengsatz wird. Sex zwischen Eltern ist dabei nur ein mögliches Thema. Ein aus Scham verdrängter Selbstmord, häusliche Gewalt oder enthemmtes Verhalten unter Alkohol- oder Drogeneinfluss können ebenfalls zu diesen manipulierten, verdrängten Erinnerungen führen, die sich schlecht auf die spätere Beziehungsfähigkeit auswirken können.

Ausnahmen bestätigen die Regel – warum Sie sich von Einzelschicksalen nicht blenden lassen dürfen

Eine kurze Zwischenfrage: Zweifeln Sie bereits am Männercheck? Obwohl wir gerade einmal zwei Punkte besprochen haben? Schließlich war neulich in der Zeitung zu lesen, dass Scheidungskinder heutzutage gar nicht mehr so stark traumatisiert sind wie noch vor einigen Jahrzehnten. Und vielleicht haben Sie ja sogar eine Freundin, die seit Jahren mit einem Mann zusammenlebt, dessen Eltern sich früh getrennt haben oder bei einem Autounfall ums Leben gekommen sind und aus dem dennoch ein liebevoller Familienvater geworden ist. Das ist möglich, also lassen Sie uns kurz über das Thema Ausnahmen und den Umgang mit ihnen reden.

Der häufigste Einwand auf den Männercheck lautet:

»Das kann man doch so pauschal nicht sagen.«

Doch, das kann man. Scheidungskinder, Kinder als Unfallopfer, missbrauchte oder verwahrloste Kinder, sie alle tragen ihr Leben lang Wunden mit sich, die vielleicht vernarbt, aber dennoch unübersehbar sind. Ich bin sicher, dass Psychologen an dieser Stelle Sturm laufen. Schließlich müsse man jedes Einzelschicksal differenziert betrachten und genau analysieren. Stimmt, würde ich entgegnen, das ist die Aufgabe eines Psychologen. Natürlich muss er der Ursache von Problemen genauestens auf den Grund gehen. Das ist sein Beruf. Schließlich will er dem Patienten helfen. Aber er will ihn eben nicht heiraten.

Sie, liebe Leserin, sind vermutlich keine Psychologin und Sie sollen nach der Lektüre dieses Buches auch keine sein. Sie sollen ein praktikables Tool an die Hand bekommen, das es Ihnen mit einfachsten Mitteln ermöglicht, in die Seele eines Mannes zu blicken und Antworten auf die für Sie wichtigen Fragen zu finden:

• Ist der Mann beziehungsfähig oder nicht?
• Kann ich mit ihm eine Familie gründen?

Für den Männercheck ist nicht relevant, WAS in der Vergangenheit eines Mannes genau schiefgelaufen ist, sondern DASS etwas schiefgelaufen ist.

»Aber meine Freundin hat doch einen Mann, der ist auch Scheidungskind. Und die beiden leben seit zehn Jahren zusammen.«

Ja, es gibt immer Ausnahmen von der Regel. Aber es bleiben Ausnahmen.

Mit dem Männercheck können Sie sich zu 99 Prozent sicher sein, ob ein Mann beziehungsfähig ist. Diese 99 Prozent sind der Grund, warum Sie dem Check vertrauen sollten, statt auf die berühmte Ausnahme zu hoffen.

Immer wenn eine Frau mir von einer »Ausnahme« in ihrem Bekannten- oder Freundeskreis erzählt, die sie am Männercheck zweifeln lässt, stelle ich ihr die folgende Frage:

»Und, würdest du gern mit dem Mann deiner Freundin zusammen sein?«

Meist wollen die Frauen das nicht. Und dafür gibt es Gründe. Ich könnte an dieser Stelle auch noch einmal die x-te Studie zitieren, die belegt, dass traumatisierte Kinder ihr Leben lang leiden, weil in der Kindheit durch ständige stressbedingte Cortisolausschüttungen ihr Hormonsystem kaputt gemacht wurde. Stattdessen möchte ich Ihnen lieber eine einfache Frage stellen:

Was muss im Leben eines Menschen passieren, damit er keine gute Beziehung zu seinen Eltern mehr hat?

Etwas sehr Schlimmes.

Die Liebe eines Kindes zu seinen Eltern erlischt nicht einfach so.

Wenn Sie bei einem Mann Hinweise darauf finden, dass er mit seinen Eltern nicht klarkommt oder kaum Zeit mit ihnen verbringt, ist das ein Alarmsignal und Sie können sicher sein, dass es mit diesem Mann sehr schwer wird, eine lange und stabile Beziehung zu führen.

Die schlechte Nachricht allerdings ist: Männer können sich sehr gut verkaufen. Ein Mann kann durchaus in der Lage sein,

Sie in diesen beiden Punkten des Männerchecks zu täuschen. Die gute Nachricht ist: An dieser Stelle spielen Ihnen die acht anderen Punkte des Männerchecks in die Karten, die sogenannten Symptompunkte. In ihnen spiegeln sich Verhaltens- und Handlungsmuster, die auf Kindheitstraumen schließen lassen und die ein Mann niemals vollständig verstecken kann. Daher sind diese Punkte meist leichter zu entdecken. Der erste und wichtigste Symptompunkt ist die Beziehungsbiografie des Mannes.

WAS DIE VERGANGENHEIT EINES MANNES ÜBER SEINE ZUKUNFT VERRÄT

PUNKT 3 DES MÄNNERCHECKS:
SEINE BEZIEHUNGSBIOGRAFIE

Männer gelten als Schweiger, als wenig kommunikativ. Sobald ein Mann jedoch auf eine Frau scharf ist, redet er in der Regel wie ein Wasserfall. Männer wissen genau, was Frauen hören wollen, und ich würde mich nicht wundern, wenn auch Sie, werte Leserin, schon einmal von einem Mann regelrecht ins Bett gequatscht wurden.

Viele Frauen neigen dazu, Männern zu glauben, was diese ihnen erzählen. Das ist ein Fehler. Ich empfehle Frauen, lieber darauf zu achten, was Männer machen. In seinen Taten spiegeln sich die Persönlichkeit und der Charakter eines Mannes sehr viel besser wider als in den schönen Reden, die er hält, um einer Frau zu gefallen. Also:

Hören Sie niemals auf das, was Ihnen ein Mann erzählt, sondern achten Sie auf das, was er tut.

Wenn Sie so wollen, ist dieses Motto das Leitmotiv aller Symptompunkte, die wir im Folgenden besprechen werden. Im Gegensatz zu den Ursachenpunkten, bei denen wir auf Traumasuche gegangen sind, spiegeln die Symptompunkte das tatsächliche Verhalten eines Mannes abseits der Balz wieder. Die Symptompunkte sind einfacher zu hinterfragen als die beiden Ursachenpunkte, für die es etwas Übung bedarf.

Sollte Ihr Date bei mehreren Symptompunkten Auffälligkeiten zeigen, werden Sie mit Sicherheit auch bei einem der beiden Ursachenpunkte – Kindheit und Eltern – fündig. Also, nehmen wir doch den wahren Charakter eines Mannes etwas genauer unter die Lupe und gehen wir seiner Beziehungsfähigkeit weiter auf den Grund.

Die Zahl der Beziehungen, die ein Mann vor Ihnen hatte, ist irrelevant, denn Männer versuchen eigentlich ständig, in Beziehungen zu sein, und können das auch wenn sie eine Frau gar nicht lieben. Der Grund für dieses Verhalten ist ökonomischer Natur: Männer profitieren stets von einer Beziehung. Sie bekommen ohne allzu großen Aufwand Sex, finden sich (normalerweise) in einem weitestgehend von der Frau organisierten Haushalt wieder und müssen sich daher nicht mehr selbst versorgen. Ein für den Mann praktisches Konstrukt. So praktisch, dass er bereit ist, dafür weitreichende Kompromisse einzugehen und sich bei einer Frau auch mal mit 60, 70 oder 80 Prozent zufriedenzugeben. Sobald jedoch eine 100-Prozent-Frau auftaucht und der Mann eine Chance bei ihr hat, wird er das Ende seiner scheinbar glücklichen und stabilen Beziehung mit der 80-Prozent-Frau provozieren. Es klingt paradox: Männer können Beziehungen führen, die eigentlich keine Beziehungen sind. Doch woran erkennen Sie solche Nichtbeziehungen?

An der Dauer.

Hierbei gilt der Grundsatz: Schaue in die Vergangenheit eines Mannes, und du wirst seine Zukunft kennen. Ein Mann Mitte 30, der noch keine längere Beziehung von mindestens sechs Jahren erlebt hat, wird sich auch in Zukunft schwertun, eine längere Beziehung einzugehen. Als Faustregel gilt: Lebt ein Mann länger als sechs Jahre mit einer Frau zusammen, tütet er die Sache ein. Er heiratet und gründet mit ihr eine Familie. Männer wollen sich binden, und wenn sie mit einer Frau glücklich sind, versuchen sie, diese auch zu halten. Ist er dagegen nach sechs Jahren nicht zu 100 Prozent überzeugt, kommt es zur Trennung.

Sollten Sie Ihr Date daher nach seiner längsten Beziehung fragen und er kann mit nur zwei oder drei Jahren dienen, müssen Ihre Alarmglocken schrillen. Die häufigste Begründung der Männer für die kurze Beziehungsdauer lautet: »Ich habe einfach die Richtige noch nicht gefunden.« Ein schöner Satz, der bei romantisch veranlagten Frauen nur allzu oft auf fruchtbaren Boden fällt. Schließlich impliziert der Mann mit seinem Interesse, dass ausgerechnet sie ja nun doch endlich die Richtige sein könnte.

Die Wahrheit ist eine andere. Der einzige Grund, dass ein Mann bis Mitte 30 nicht in der Lage war, eine mindestens sechs Jahre lange Beziehung zu führen, liegt in ihm selbst. Wissen Sie, was ein sogenannter Pralinenverkoster ist? So bezeichne ich Männer, die nie länger als zwei Jahre mit einer Frau zusammen sind. Sie sind überhaupt nicht auf Beziehungen aus, sondern wollen ständig eine neue Geschmacksrichtung ausprobieren. Solche Männer vernaschen, was sie in die Finger kriegen. Ist ihnen eine Sorte Frau langweilig, wechseln Sie zur nächsten.

Noch ein Männer-Klassiker: »Ich habe mich erst voll und ganz auf meine Karriere konzentrieren wollen. Ich bin daher erst jetzt, wo ich erreicht habe, was ich wollte, bereit für eine richtige Beziehung.«

Gelogen.

Wer es sich bis Mitte 30 verkneifen konnte, die Liebe seines Lebens zu finden, der hat gar nicht danach gesucht. Weil er kein Interesse an einer langen Beziehung hat. Wer es schafft, so lange Zeit seine Karriere über die Liebe zu stellen, der wird dieses Verhaltensmuster nicht plötzlich ablegen.

Rufen wir uns noch einmal die letzte der drei unangenehmen Wahrheiten über Männer und Beziehungen zurück ins Gedächtnis:

Männer, die älter sind als 27 Jahre, ändern sich nicht.

Nach der Pubertät steht fest, wer wir sind. In den nächsten zehn Jahren richten wir unser Leben mit ebendieser Persönlichkeit ein, die wir in der Pubertät herausgearbeitet haben. Sollten Sie bereits ein erstes Klassentreffen erlebt haben, werden Sie das Phänomen sicher kennen. Es ist erstaunlich, wie vertraut einem die Personen von damals noch sind, obwohl man sie einige Jahre nicht gesehen hat. Es scheint, als hätten sich die ehemaligen Mitschüler kaum verändert. Die ruhigen sind immer noch ruhig, und diejenigen, die auch schon früher ständig das Gespräch an sich gerissen haben, haben es auf dem Treffen wieder getan.

Grundlegendes Verhalten ändert sich nicht.

Bevor Sie sich also Hals über Kopf in einen Mann verlieben, holen Sie bitte alle verfügbaren Informationen über die bisherigen Beziehungen ihres Dates ein. Nur Männer, die wenigstens eine Beziehung von mindesten sechs Jahren vorzuweisen haben, bestehen Punkt 3 des Männerchecks.

DIE SINGLEFALLE – WARUM MÄNNER UND FRAUEN ANDERS SINGLE SIND UND DAS FÜR FRAUEN GEFÄHRLICH WERDEN KANN

PUNKT 4 DES MÄNNERCHECKS: SEIN SINGLELEBEN

Ist ein Mann länger als ein Jahr Single, hat er ein Problem. Bereits in Punkt 3, der Beziehungsbiografie eines Mannes, haben wir festgehalten: Männer stecken eigentlich immer in Beziehungen. Männer wollen keine Singles sein. Aus zwei Gründen. Erstens: Männer können nicht gut allein sein. Zweitens: Ein Mann ohne eine Frau an seiner Seite sinkt in der Hierarchie der anderen Männer.

Männer fühlen sich zwar in der Rolle des Machers und Versorgers wohl, im Gegenzug dafür wollen sie aber umsorgt werden. Sie wollen sich so wenig wie möglich mit häuslichen Dingen wie Hemdenbügeln, Putzen oder Ordnung-Halten abgegeben. So wie sie es früher aus dem Hotel Mama gewöhnt waren. Es ist für einen Mann schlicht bequemer, sich in eine Beziehung zu flüchten und die unangenehmen Haushaltsthemen an die Frau zu delegieren. (Diese muss den Haushalt übrigens nicht unbedingt selbst schmeißen. Sie kann sehr wohl eine Putzfrau oder Haushaltshilfe einklagen, die der Mann bezahlt, die Frau muss diese Haushaltshilfe aber selbst organisieren.) Die Bequemlichkeit der Männer ist uns ebenfalls bereits in Punkt 3 des Checks untergekommen. Hat ein »normaler« Mann die Wahl zwischen Beziehung oder Singledasein, wird er sich immer für die Beziehung entscheiden. Liebe? Muss dabei nicht im Spiel sein.[9]

---

9   Siehe auch Kapitel »Wohlfühlfrauen« auf Seite 121 f.

Wenn Sie das nicht glauben wollen, achten Sie einmal ganz genau auf das Verhalten von frisch getrennten Männern. Ein gerader getrennter Mann stürzt sich in der Regel von einem Date ins nächste. Erstens, um sich sein Selbstvertrauen wiederzuholen, zweitens, um so schnell wie möglich wieder eine Frau an seiner Seite zu haben. Partnerschaftsstudien haben ergeben, dass rund 40 Prozent der Männer unmittelbar nach einer Trennung sofort wieder eine neue Beziehung anfangen können. Nach einem Jahr sind es sogar mehr als 70 Prozent.

Kennen Sie eigentlich einen beruflich erfolgreichen Mann ohne Frau an seiner Seite? Den gibt es nicht. Im Gegenteil. Gerade besonders erfolgreiche Männer managen meist ohne Probleme Frau und Geliebte.

Mein Haus, mein Boot, meine Frauen.

Frauen sind für Männer auch ein Statussymbol. Männlichkeit nährt sich zu einem großen Teil durch die Bestätigung von Frauen. Ein Mann ohne Frau sinkt automatisch in der Anerkennung seiner Freunde oder Arbeitskollegen. Ich weiß, dass Frauen sich mit dem Hierarchiegebaren von Männern schwertun, aber jeder normale Mann beteiligt sich – wenn auch meist unterbewusst – an den Rangeskämpfen mit anderen Männern. Und eine schöne wertvolle A-Frau bringt einen in der Hierarchie ein ordentliches Stück nach oben. Noch mal:

Männer sind keine Singles.

Frauen schon. Frauen können ihr Leben sehr gut allein organisieren. Sie managen ihren Beruf, ihren Haushalt und die sogenannten Katzenfrauen haben in Form ihres Stubentigers sogar einen funktionierenden Kuschelersatz am Start. (Trifft ein Mann auf eine solche Frau, fragt er sich übrigens, was er eigentlich bei dieser Frau soll. Warum und wofür braucht sie ihn überhaupt? Die Katze daheim ist einer der größten Fehler von Singlefrauen auf Partnersuche.[10])

Doch in diesem eigenen erfolgreichen Singleleben steckt für Frauen eine Gefahr. Frauen neigen dazu, ihre positiven Erfahrungen, die sie selbst mit dem Singleleben machen, auch auf Männer zu übertragen. Ganz nach dem Motto »Ach, er ist genau wie ich seit anderthalb Jahren Single. Da haben wir beide ja das Gleiche durchgemacht«. Haben Sie nicht! Wenn ein Mann von sich sagt, dass er schon länger Single sei, heißt das für Sie: nachbohren, nachbohren, nachbohren.

Auch hier kommen oft die Ausreden, dass man die Richtige noch nicht gefunden habe oder aber sich erst einmal auf die Karriere konzentriert habe. Ausreden! Singlemänner haben keine Lust auf Beziehungen oder sind nicht in der Lage, eine Beziehung über einen längeren Zeitraum zu führen.

Ein Tipp ist, sich die Wohnung eines Mannes genau anzuschauen. Männerwohnungen sind in der Regel nicht schön. Sie sind praktisch, funktional, zum Überleben eingerichtet. Stoßen Sie dagegen bei einem Mann auf eine perfekt eingerichtete Wohnung, können Sie mit fast 100-prozentiger Sicherheit davon ausgehen, dass es sich um einen notorischen Single handelt. Ein Mann, der seine Wohnung komplett einrichtet, hat sich auch in seinem Singleleben eingerichtet. In den drei, vier Monaten, die ein Mann normalerweise ohne Beziehung ist, richtet man keine Wohnung ein. Der Aufwand lohnt sich für einen normalen Mann gar nicht. Und so sehr er Ihnen auch versichern mag, dass er schon lange mit seinem Singledasein brechen wollte, dass er die Einsamkeit satthat und endlich eine

---

10   Siehe Kapitel »Der Balztanz« ab Seite 137

wirkliche tiefe Beziehung will: Sparen Sie sich Ihr Mitleid. So sehr Sie es sich auch wünschen würden, dieser Mann wird sich nicht ändern und Sie nach einer kurzen Affäre sitzen lassen.

DROGEN – WENN DIE LIEBE IN RAUCH AUFGEHT

PUNKT 5 DES MÄNNERCHECKS:
SEIN VERHÄLTNIS ZUR SUCHT

Bei diesem Punkt des Männerchecks beschäftigen wir uns mit der Frage »Wie abhängig ist ein Mann von süchtig machenden Substanzen?«. Zum Beispiel Alkohol, Tabak, harte oder weiche Drogen. Oder gibt es andere Anzeichen für Süchteleien, etwa eine Spielsucht? Eine delikate Frage. Und natürlich geht es nicht darum, einen reinen Abstinenzler zu finden. Wichtig ist bei diesem Punkt des Männerchecks vor allem: Wie sehr braucht ein Mann es? Ist der Mann noch Herr über sein Leben oder wird er durch seine Sucht fremdgesteuert? Ist Letzteres der Fall, wird eine stabile Beziehung mit ihm kaum möglich sein.

Ich persönlich halte das Rauchen für die schlimmste Droge. Aber auch der in unserer Gesellschaft ständig verharmloste Alkohol ist extrem gefährlich. Es gibt Leveltrinker, Quartalstrinker und Männer, die sich nach einem anstrengenden Tag im Job ihr »Feierabendbier« redlich verdient haben, die keinen Tag mehr ohne Alkohol auskommen.

Wer raucht, trinkt oder andere Drogen nimmt, führt seinem Körper bewusst Giftstoffe zu. Er zerstört sich selbst. Ich weiß, dass der Konsum von Drogen von vielen als nicht so problematisch angesehen wird.

- »Ich habe das im Griff.«
- »Wenn ich will, kann ich aufhören.«
- »Ich kann trinken, so viel ich will. Ich spür da gar nix. Keine Ahnung, warum, aber ich vertrage halt viel, das ist schon immer so gewesen.«
- »Marihuana ist doch Medizin.«

Wenn Sie solche Sätze in Zusammenhang mit dem Thema Drogen hören, müssen Sie hellhörig werden: Der Süchtige versucht immer, seine Sucht zu verharmlosen. Sollten Sie einen Partner suchen, mit dem Sie auch Kinder haben wollen, stellen Sie sich folgende Frage:

Welche Vorbildwirkung hat ein Raucher oder jemand, der regelmäßig Alkohol konsumiert, für Kinder?

Obwohl das Thema heikel wirkt, ist es erstaunlicherweise besonders einfach zu hinterfragen. Oft reicht ein kumpelig-neugieriges »Und? Hast du eigentlich einmal was genommen? Wie war das? Wie fühlt sich das an? Ich kenn mich da ja gar nicht aus.«

Ein ausgedehntes Abendessen bietet Ihnen nicht nur die wunderbare Möglichkeit, die richtigen Fragen und so die meisten Punkte des Männerchecks abzuhaken. Sie können an so einem Abend auch nach den ersten Anzeichen für Suchtverhalten forschen. Riecht der Mann bei der Begrüßung stark nach Rauch? Dann hat er sich wohl kurz vor dem Date noch eine Zigarette reingezogen. Wie viel trinkt er während des Essens? Lässt er Sie gar allein, um vor die Tür des Lokals zum Rauchen zu gehen? Wäre ich eine Frau, würde ich sofort aufstehen und dem Mann sagen, dass das leider nichts werden kann. Was will ich mit einem Kerl, der nicht mal mehr in der Lage ist, zwei oder vielleicht drei Stunden von seiner Sucht zu lassen?

Auch harte Drogen sind ein Thema, das Sie nicht vernachlässigen dürfen. Mehr als eine Million Erwachsene in Deutschland haben Erfahrung mit Kokain. Sie stammen aus allen Gesellschaftsschichten. Sie können sich weder beim Banker noch beim Betriebswirt oder Handwerker sicher sein, dass da nicht etwas ist. Fragen Sie nach. Keineswegs vorwurfsvoll oder entsetzt, sondern interessiert. Ergeben sich Hinweise auf regelmäßigen Drogenkonsum, lassen Sie die Finger von dem Mann.

Ja, es gibt berufliche Männercliquen, bei denen harte Drogen, Trinkexzesse oder Prostituierte dazugehören. Diese kleinen schmutzigen Geheimnisse halten die Gruppe zusammen. Wer Teil dieser Gruppe sein will, muss bei diesen Grenzüberschreitungen mitmachen.

Es gibt immer Erklärungen.

Im genannten Beispiel wäre es der berühmte Gruppenzwang. Doch von Zwang kann keine Rede sein. Der Griff zur Droge oder zur Flasche ist eine Entscheidung, die jeder selbst trifft. In diesem Fall hat der Mann entschieden, zu dieser Gruppe dazuzugehören, obwohl offensichtlich falsch und schädlich ist, was diese Gruppe tut.

Männer sind sehr gut darin, sich als Opfer darzustellen und an das Verständnis von Frauen zu appellieren: »Nur du kannst mich retten!«, heiß es dann gern. Fallen Sie auf diese Masche nicht herein. Sie können einen Mann nicht von seiner Sucht heilen. Versuchen Sie es gar nicht erst!

Auch das Thema Wett- oder Spielsucht sollten Sie beim Männercheck thematisieren.

- »Spielst du gern?«
- »Was spielst du?«

Der Umgang mit Glücksspielen von mehr als einer halben Million Menschen in Deutschland gilt als problematisch. Hinzu kommt, dass das Problem der Spielsucht ein vor allem männliches ist.

Interessant dabei ist auch, dass zahlreiche Studien mittlerweile einen Zusammenhang zwischen Kindheitstraumen und der späteren Anfälligkeit für Suchterkrankungen ergeben. Sollten Sie auffälliges Suchtverhalten bei einem Mann entdecken, können Sie davon ausgehen, auch bei den Punkten 1 und 2 des Checks, den Kindheitstraumen und den Elternkonflikten, fündig zu werden.

EINZELKÄMPFER ODER TEAMPLAYER? – WAS SPORT ÜBER EINEN MANN VERRÄT

PUNKT 6 DES MÄNNERCHECKS: SEIN SPORT-STATUS

Männer sind von Natur aus aggressiver als Frauen. Das ist genetisch bedingt. Die Grundaggression von Männern ist aufgrund des höheren Testosteronpegels eine andere. Diese Grundaggression lässt sich nur bändigen, wenn ein Mann regelmäßig Sport treibt oder sich körperlich betätigt. Man sieht das bereits an Heranwachsenden. Jungs, die den ganzen Tag zu Hause hocken, rasten früher oder später aus. Jungs haben den natürlichen Drang, sich zu bewegen und auszutoben. Sie werden einen Mann nie glücklicher und entspannter sehen als nach einem Training, in dem er sich vollkommen ausgepowert hat. Daher gilt: Männer brauchen Sport.

Hinzu kommt, dass jeder weiß, dass Sport dem Körper gut-tut. Dafür muss man keine Leuchte sein. Wer keinen Sport treibt, schädigt bewusst seinen Körper. Es ist vom Prinzip her genau so, als würde man rauchen, saufen, Drogen nehmen oder sich ständig ungesund ernähren. Wenn ein Mensch eine schlechte Beziehung zu seinem Körper hat, hat er eine schlechte Beziehung zu sich selbst. Auch mit der Liebe zu sich selbst ist es bei Menschen, die ihren Körper vernachlässigen, nicht weit her. Nun stelle ich mir allerdings die Fragen: Wenn sich jemand schon damit schwertut, sich selbst zu mögen, wie soll derjenige andere Menschen mögen? Wenn jemand sich nicht um sich selbst kümmern kann, wie soll er dann für jemand anderen da sein?

Menschen, die keinen Sport machen, sind auch im Leben nicht leistungsfähig. Wenn ich mal zwei oder drei Wochen keinen Sport gemacht habe, bin ich abends müde. Ich werde inaktiv und sehne mich nur noch nach dem Sofa. Ein Teufelskreis. Das beste Mittel gegen Müdigkeit ist Bewegung! Männern, die keinen Sport treiben, fehlt meist auch der Antrieb, nach ihrem Tag in der Arbeit noch etwas zu unternehmen. Aber nicht, weil ihr Tag in der Arbeit ach so anstrengend gewesen ist, sondern weil ihnen die körperliche Ausdauer fehlt, noch auszugehen oder sich noch weitere zwei, drei Stunden im Kino oder Thea-ter zu konzentrieren.[11]

---

11 Auch hier dürfen Sie den Verweis auf die angespannte berufliche Situation niemals als Ausrede zulassen. Es ist eine Ausrede. Wer sich in seinem Job so sehr aufreibt, dass er darüber sich selbst vernachlässigt, wird früher oder später auch andere Dinge, die ihn im Job »behindern«, vernachlässigen. So wie etwa eine nerven- und zeitraubende Familie.

Diese Passivität wird sich auch in der Wochenendgestaltung oder im Bett niederschlagen. Sportmuffel sind nicht gerade die besten Liebhaber. Ein wenig Ausdauer ist schon vonnöten, um eine Frau zu befriedigen. Diese Ausdauer wird er kaum haben. Treibt ein Mann daher gar keinen Sport: Alarm! Männer lieben Wettkämpfe. Sie wollen sich vergleichen. Männer versuchen ständig, irgendwelche kleinen Spielchen zu spielen oder Wettbewerbe anzuzetteln. (Sogar beim Trinken messen sie sich, obwohl es da natürlich extrem kontraproduktiv ist.) Männer wollen sich beweisen und zeigen, was sie können. Wenn einer das nicht macht, stellt sich die Frage: Wo holt er sich das sonst? Womit kompensiert er das?

Wichtig für den Männercheck ist aber nicht nur die Tatsache, ob ein Mann überhaupt Sport treibt, sondern auch die Sportart selbst. Finden Sie unbedingt heraus, ob er ein Einzel- oder Mannschaftssportler ist. Der Einzelsportler ist ein Einzelkämpfer. Der Mannschaftssportler ist eher ein Teamplayer und generell beziehungsfähiger. Auch hier gilt das Prinzip des Assoziationsverhaltens, auf das wir bereits bei der Beziehungsbiografie gestoßen sind und das uns später wiederbegegnen wird, wenn wir die Karriere eines Mannes durchleuchten.

Teamspieler müssen ständig mit anderen kooperieren. Sie teilen Erfolge und Misserfolge mit anderen. Wer diese Fähigkeiten in seinem Sport zeigt, bringt sie auch in einer Beziehung ein. Einzelsportler sind dagegen sehr viel mehr auf die eigene Leistung, auf sich selbst fokussiert. Mit großer Sicherheit werden Sie dieses Verhaltensmuster auch in seinen Beziehungen wiederfinden.

Wie sich jemand im Sport benimmt, lässt Rückschlüsse auf seinen Charakter zu. Solo-Mountainbiker, Menschen, die allein in die Berge gehen oder allein klettern, die einsam für ihren Ironman trainieren oder allein laufen, also sämtliche Outdoor-Alleinsportler oder Sportangler, leben auch so, wie sie Sport treiben. Es sind Eigenbrötler. Begehen Sie niemals den Fehler, den Sport als Ausbruch aus dem Alltag, als etwas Besonderes zu sehen. Das ist er nicht. Er ist Bestandteil des Lebens eines Mannes und zeigt, wie er sein Leben am liebsten lebt. Solche Männer sind keine unguten, aber sie werden in Bezug auf emotionale Bindung und Teamwork – und genau darauf kommt es ja in einer Beziehung oder Ehe an! – vielleicht Probleme haben.

Natürlich gibt es auch in einer Basketball-, Fußball- oder Handballmannschaft starke Egoisten. Und nur, weil jemand Tennis spielt, heißt es nicht, dass er nicht beziehungsfähig ist. Tennis wird in einem Verein gespielt. Bei klassischen Einzelsportarten wie eben Tennis, Turnen, Schwimmen, Bodybuilding oder Leichtathletik sollten Sie darauf achten, wie der Mann in den Verein integriert ist, wie sehr er am Vereinsleben teilnimmt. Ist ihm das Vereinsleben wichtig, trainiert er gemeinsam mit anderen in einer Gruppe, ist das ein gutes Zeichen.

BODY-KULT – VORSICHT VOR DEN EITLEN MÄNNERN!

PUNKT 7 DES MÄNNERCHECKS:
SEIN ÄUSSERES

Stellen Sie sich vor, Sie würden jeweils einen Mann und eine Frau auf einer einsamen Insel aussetzen. Sie wären für drei oder vier Monate ganz allein. Beide dürften fünf Gegenstände benennen, die sie mitnehmen dürften. Wetten, dass einer der fünf Gegenstände bei der Frau ein Kamm wäre? Kein normaler Mann würde dagegen auf die Idee kommen, einen Kamm auf die Insel mitzunehmen.

Frauen wollen nicht nur für andere, sondern auch für sich selbst schön sein.

Männer definieren sich grundsätzlich nicht über ihr Äußeres.

Männer definieren sich über das, was sie können, das, was sie sind, und das, was sie haben. Definiert ein Mann sich dennoch über sein Äußeres, dann macht er das, um seine Umwelt zu manipulieren. Ein Geschäftsmann darf beispielsweise nicht ungepflegt ins Meeting kommen. Männer arbeiten pragmatisch mit dem, was sie äußerlich haben, und gehen modisch nur so weit, wie sie müssen. Ein Mann passt sich modisch der Situation an. Dominieren im Office eines Mannes klassische schwarze Anzüge das Gruppenbild, ordnet sich ein Mann unter, selbst wenn er viel mehr Lust auf einen blauen Anzug hätte. Ist er ein Künstler, kann seine Kleidung durchaus individueller sein. Ist er ein Musiker, kann sie sogar ein Stück weit ins Extreme gehen.

Putzt sich jedoch ein Kfz-Mechaniker abends extrem heraus und kleidet sich wie ein Geck, kompensiert er damit etwas, das ihm in den Bereichen Das-kann-ich, Das-bin-ich oder Das-habe-ich fehlt. In diesem Fall wahrscheinlich etwas, was er in seinem Job oder seinem Leben nicht erreicht hat.

Noch wichtiger als die Kleidung sind auffällige Tattoos, Piercings, Frisuren, Ohrringe oder ein Zuviel an Schmuck. Auch exzessives Bodybuilding ist ein Warnzeichen. Männer, die einen wie auch immer gearteten Body-Kult betreiben, haben meist nicht gerade eine erfolgreiche Karriere hinter sich.

Sie sind, ganz ähnlich wie Frauen, die zwanghaft und exzessiv Botox nehmen, keine freien Menschen mehr, sondern gefangen in gesellschaftlichen Konventionen.

Damit wir uns nicht falsch verstehen: Männer dürfen gut aussehen und auf ihr Äußeres achten. Schlagen die Äußerlichkeiten jedoch ins Extreme, ist Vorsicht geboten. Natürlich sollen und müssen Sie einen Anker auf dem Unterarm, den sich jemand mit 18 in seinem ersten Sommerurlaub hat stechen lassen, nicht genauso bewerten wie ein Drachen-Tattoo, das sich über beide Schulterblätter spannt. Ihre Warnlampen sollten immer dann angehen, wenn Sie bei einem Mann Äußerlichkeiten entdecken, die deutlich über das Normalmaß hinausgehen.

Also: Obacht bei aufgedonnerten Männern. Immer, wenn ein Mann durch extreme Äußerlichkeiten auf sich aufmerksam macht und nach Anerkennung sucht, ist mit ihm etwas faul. Nachlässigkeit, ein ungepflegtes Äußeres und langweilige Mode sind jedoch auch ein Zeichen: Solche Männer leben nicht im Jetzt und gehören wohl eher in die Gruppe der Langweiler. Obendrein ist mangelnde Pflege und Hygiene ein Zeichen für mangelnde Selbstachtung. Wenn ein Mann sich selbst nicht einmal wertvoll genug ist, auf sich zu achten, wo soll das hinführen? Ich bin sicher, dass jede Frau diese Sorte Mann sofort erkennt und die Finger von ihm lässt.

In meinem Bekanntenkreis habe ich außerdem sehr schlechte Erfahrung mit Männern mit Siegelringen gemacht. Jeder Mann mit Siegelring, dem ich bisher begegnet bin, war emotional sehr schlecht aufgestellt. Ich kann nicht wirklich begründen, warum das so ist, aber ich als Frau wäre bei Männern mit Siegelringen immer doppelt vorsichtig.

LÄSTERMAUL! – WARUM EIN MANN NIE SCHLECHT ÜBER SEINE EX REDEN SOLLTE

PUNKT 8 DES MÄNNERCHECKS: SEINE GESCHICHTEN ÜBER DIE EX

Ich glaube, die Exfreundinnen Ihres Schwarms sind endlich mal ein Thema, dass Sie als Frau wirklich interessiert, oder? Wie sahen sie aus? Waren sie hübscher als ich? Erfolgreicher? Wieso hatte er bisher immer nur blonde Freundinnen, ich bin doch brünett? Frauen neigen dazu, sich immer mit anderen Frauen zu vergleichen. Männer haben dieses Problem nicht. Dank ihres meist unerschütterlichen Selbstvertrauens stellen Sie sich automatisch über die Exmänner einer Frau. Wäre einer von denen besser gewesen als er, wäre sie ja noch mit ihm zusammen. Ich kann Ihnen sagen, manchmal hat Männerlogik etwas sehr Entspannendes.

Doch leider sollen Sie das Gespräch nicht auf die Exfreundinnen lenken, um Ihre persönliche Neugier zu stillen. Es gilt – wie immer beim Männercheck –, etwas Wichtiges über ihren Schwarm in Erfahrung zu bringen.

Obwohl sie selbst eigentlich neugierig sind, sehen viele Frauen die Frage nach Expartnerinnen als delikat an und neigen – mal wieder – zu Verständnis, wenn ein Mann der Frage danach ausweicht, statt sie klar zu beantworten. Männer, die herumdrucksen, haben ein Problem. Ein Mann, der mit sich im Reinen ist, der seine Exbeziehungen verarbeitet hat und der – das dürfen wir nie vergessen – ehrliches Interesse an Ihnen hat, wird selbst bei dieser scheinbar so delikaten Frage nicht ausweichen, sondern eine souveräne Antwort parat haben. Der

Mann will etwas von Ihnen, er will Ihnen gefallen und Sie ins Bett kriegen. Mit hilflosem Herumdrucksen gelingt ihm das hoffentlich nicht.

Ein klassisches Warnsignal ist es auch, wenn ein Mann auf Ihre Frage hin damit beginnt, über seine Exfreundinnen herzuziehen. Warum sollte ein Mann schlecht über eine Frau reden, die er einmal geliebt hat, der er körperlich und emotional so nah war wie sonst keinem anderen Menschen? Es gibt keinen Grund. Redet ein Mann schlecht über seine Exfrauen, können Sie davon ausgehen, dass er schon bald genauso über Sie reden wird.

Menschen ändern sich nicht dermaßen krass, dass man den Menschen, den man einmal geliebt hat, plötzlich hassen muss. Ist es dennoch zu einem gravierenden Streit zwischen Frau und Mann gekommen, der zum Hass geführt hat, stellt sich mir die Frage, warum seine Menschenkenntnis bei dieser Frau so komplett versagt hat und er diese gravierenden Probleme nicht vorhergesehen hat. Vielleicht, weil sich in diesem Fall Gleich und Gleich angezogen haben und der Mann eigentlich keinen Deut besser ist als die Frau, die er nun hasst?

Spannend ist immer die Frage, warum eine Beziehung in die Brüche gegangen ist. Ein Mann, der die Trennung verarbeitet hat und mit sich im Reinen ist, hat darauf eine Antwort. Die häufigste lautet, dass man sich auseinandergelebt habe. Wie beziehungsfähig ein Mann ist, erkennt man daran, ob er auf eine folgende Nachfrage (»Woran habt ihr das gemerkt? Woran habt ihr das festgemacht?«) eine Antwort weiß. Das ist ein sehr gutes Zeichen.

Einen wichtigen Hinweis über den Charakter Ihres Schwarms erhalten Sie auch durch die Frage »Von wem ging die Trennung aus?«. Gibt ein Mann unumwunden zu, dass er sich getrennt habe, muss Frau vorsichtig sein. Trennung ist Frauensache. Zwei Drittel aller Scheidungsanträge werden von Frauen eingereicht. Nicht etwa, weil immer nur die Männer am Beziehungsende schuld sind, sondern weil Männer nicht wollen, dass die Trennung von ihnen ausgeht. Sie verstehen sich als Beschützer und Versorger der Frau. Diesen Schutz können Männer nicht einfach aufkündigen. Die Frau muss sich ihm freiwillig entziehen. Nur so bleibt die Männlichkeit des Mannes unangetastet. Männer, die sich von sich aus von einer Frau trennen, sind dagegen bereit, einer Frau unmittelbar wehzutun. Das können Männer nur sehr schwer.

Dennoch ist es nicht so, dass Männer ewig in einer unglücklichen Beziehung verharren und darauf warten, dass es der Frau endlich zu bunt wird. Sie haben durchaus ihre – unbewusst eingesetzten – Techniken, das Ende einer Beziehung zu provozieren. Entweder benehmen sie sich gegenüber der Frau mehr und mehr wie ein Arschloch oder aber sie lassen sich beim Fremdgehen erwischen. Sie nehmen quasi die Schuld auf sich, sie unternehmen alles, damit die Frau einen Schlussstrich zieht.

Für Männer, die bei einer Trennung dagegen die Initiative ergreifen, gilt: Wer einmal bereit ist, einer Frau wehzutun, macht es wieder.

Kein Mann wird natürlich vor Ihnen zugeben, dass ihn seine Frau oder Freundin mit einer anderen im Bett oder beim Fremdgehen allgemein erwischt hat. Auch dann greift meist das berühmte »Wir haben uns auseinandergelebt«. Kann er das Auseinanderleben erklären, ohne die Expartnerin verbal anzugreifen, ist alles in Ordnung. Sie erinnern sich: Nach zwei, drei Jahren legt sich das Verliebtsein. Die Leidenschaft kühlt ab und

Mann und Frau verwandeln sich in Bruder und Schwester. Das passiert und ist nachvollziehbar.

Was, wenn ein Mann offenbart, dass er noch Kontakt zu seiner Expartnerin hat? Ein gutes oder ein schlechtes Zeichen? Eher ein gutes. Sie kennen die ewige Frage, ob Männer und Frauen Freunde sein können. Ich glaube, dass das möglich ist, allerdings nur unter einer Bedingung: Mann und Frau müssen miteinander geschlafen haben. Ein Mann interessiert sich für eine Frau grundsätzlich nur, weil er sie sexuell attraktiv findet. Wird das Interesse von der Frau nicht erwidert, erlahmt sein Begehren (beziehungsweise der Mann richtet es auf andere Frauen). Gelingt es ihm jedoch, die Frau zu erobern, kann genau das die Basis sein, auf der anschließend ein freundschaftlicher Kontakt fußen kann. Bei einem getrennten Paar ist die sexuelle Spannung definitiv abgebaut worden. Ist man später im Guten auseinandergegangen, besteht zwischen Expartnern also durchaus die Möglichkeit für eine Freundschaft.

Hat es in einer Exbeziehung Kinder gegeben, ist der Kontakt zur Exfrau sogar zwingend. Ein emotional gesunder Mann würde niemals auf den Kontakt zu seinen Kindern verzichten. Tut er es dennoch, ist das nicht nur ein schwerwiegendes Zeichen für seine Beziehungsunfähigkeit, sondern für eine gravierende Störung seiner Persönlichkeit.

Wachsamkeit Ihrerseits ist auch dann geboten, wenn ein Mann bei der Frage nach seinen Exbeziehungen immer nur auf eine ganz bestimmte Frau zu sprechen kommt. Thematisiert er eine seiner Beziehungen signifikant häufiger als andere, ist er über diese Beziehung noch nicht hinweg.

Das Gleiche gilt auch für Männer, die sich – angesprochen auf ihre Exbeziehungen – bei Ihnen darüber ausweinen, dass sie bisher grundsätzlich nur schlechte Erfahrungen mit Frauen gemacht hätten, und Ihnen lang und breit erklären, wie übel ihnen von den Frauen stets mitgespielt wurde, obwohl sie sich wirklich Mühe gegeben hätten. Ich kann mir eigentlich nicht vorstellen, dass eine Frau mit Verstand sich auch nur eine Minute länger als nötig mit einem solchen Mann abgibt. Doch auch hier sei sicherheitshalber gesagt: Check nicht bestanden. Ansonsten werden Sie die nächste Strophe im Klagelied solcher Männer sein.

ARBEITSTIER – WIE DAS BERUFSLEBEN EINES MANNES SEINE PERSÖNLICHKEIT WIDERSPIEGELT

PUNKT 9 DES MÄNNERCHECKS: SEINE KARRIERE

Die Karriere ist einer der Punkte des Männerchecks, den man sehr leicht abklären kann und den mit Sicherheit viele Frauen bei einem Date oder dem Kennenlernen auch automatisch ansprechen (oder der Mann bringt von selbst die Sprache darauf – Karriere ist eine Möglichkeit, sich als tollen Hecht darzustellen):

»Was machst du eigentlich beruflich?«

»Ich bin in der IT im Verkauf. Wir arbeiten mit den und den Systemen ...«

Das Problem jedoch ist: Bereits in diesem Moment schalten die meisten Frauen gedanklich bereits ab, weil sie das Thema eigentlich null interessiert. Wichtig für Frauen ist in der Regel nur: Arbeitet ein Mann? Verdient er Geld? Um einen Haken hinter diesen Punkt unseres Checks zu machen, reichen diese

Informationen aber bei Weitem nicht aus. Wir wollen von dem Mann noch ein bisschen mehr erfahren. Also fragen wir ihn:

- »Wie lange machst du das schon?«
- »Wie bist du dazu gekommen?«
- »Was muss man denn können, um das zu machen? Muss man da studieren?«

Warum aber fragen wir ihn das alles? Weil sich in der Karriere eines Mannes auch seine Persönlichkeit widerspiegelt. Wechselt ein Mann alle zwei Jahre den Beruf oder probiert eine neue Fachrichtung, ist das ein schlechtes Zeichen. Dann ist er sehr unstet. Die Verhaltensmuster, die sich durch seine Karriere ziehen, werden Sie so auch in seinem Privatleben finden.

Ein Mann muss wissen, wo er hinwill, sich ein Ziel setzen und darauf hinarbeiten. Es geht nicht darum, welchen Beruf ein Mann ergreift, sondern wie er seinen Beruf lebt, wie er seine Karriere gestaltet. Die Entscheidung eines Mannes für einen Beruf sagt daher nichts über seine Beziehungsfähigkeit aus. Zu wissen, dass er Handwerker, Banker, Bauingenieur, IT-ler, Musikproduzent oder Autor ist, hilft Ihnen nicht weiter. Sie müssen einen Plan in seiner Karriere erkennen. Wenn er seine Firma oder doch gar den Job gewechselt hat, muss er diesen Schritt sehr gut begründen können.

Wenn er aber als Jurist anfängt und dann Sozialwissenschaftler wird und danach in den Strukturvertrieb einer Versicherung wechselt ... Alarm! Kann ein Mann sich beruflich nicht fokussieren, wird er sich damit auch im Alltag schwertun. Solche »Chaoten«, die bereits an der Organisation ihres eigenen Lebens scheitern, sind auch in Beziehungen sehr unstet.

Was jedoch ist mit Kreativen und Künstlern? In diesen Bereichen sind gradlinige Karrieren eher die Ausnahme. Mein Tipp: Schauen Sie genau auf die Geschichte des Mannes. Es gibt in diesem Bereich extrem viele Loser. Männer, aus denen sonst nichts geworden wäre, flüchten sich gern in einen kreativen Beruf. Den fehlenden finanziellen Erfolg begründen sie damit, dass sie eben keinen Mainstream produzieren würden, sondern ihrer Kunst treu bleiben. Und die verstehe eben nicht jeder. Nun ja.

Wenn es ein Mann dagegen in einem künstlerischen Beruf geschafft hat, können Sie davon ausgehen, dass er umso mehr Biss hat. Jemand, der sich in diesem Bereich durchsetzt, muss noch mehr Willen aufbringen als in einer klassischen Karriere – eben weil es sehr viel schwerer ist, sich in der kreativen Branche durchzusetzen. Da gibt es oft keine klassischen Ausbildungswege. Sein Know-how muss man sich weitgehend selbst aneignen. Man übernimmt als Kreativer oder Freiberufler sehr viel Verantwortung – ideale Voraussetzung für einen Familienmenschen. Eigentlich. Leider ist es so, dass gerade in der Kunst die Kreativität mit psychologischen Extremen einhergeht. Es hat zwar seinen Charme, mit einem »verrückten« Künstler zusammen zu sein, aber die extreme Art dieser Menschen wird oft bedingt durch psychische Probleme. Kreative Berufe sind ein Sammelbecken für Grenzgänger. In der Musikbranche, aus der ich komme, sind Drogen immer wieder ein Thema. Viele Musiker sind alkoholabhängig, leben in den Tag hinein. Diese Branche killt auch viele Männer.

Gleichwohl dürfen Sie von einem im Job sehr erfolgreichen Mann nicht automatisch auf einen beziehungsfähigen Mann schließen. Wer vollkommen in seinem Job aufgeht und darüber beispielsweise Sport vernachlässigt, also seinen Körper und damit sich selbst, der ist nicht beziehungsfähig.

Wenn bei einem Mann der totale Fokus auf seiner Arbeit liegt, hat er kein Privatleben. Und er braucht das auch nicht. Und also auch Sie nicht.

GLEICH UND GLEICH GESELLT SICH GERN – DIE FREUNDE EINES MANNES, DAS UNTERSCHÄTZTE ALARMSIGNAL

PUNKT 10 DES MÄNNERCHECKS: SEINE FREUNDE

Der letzte Punkt des Männerchecks ist der einzige Punkt, den man selten gleich klären kann. Zu Beginn einer Beziehung werden Sie die Freunde eines Mannes kaum zu Gesicht bekommen. Doch keine Angst, selbst ohne dass sie die Freunde kennenlernen, liefern sie Ihnen bereits erste wichtige Hinweise über Ihren Schwarm.

Doch wie funktionieren eigentlich Männerfreundschaften?

Die Antwort auf diese Frage liegt tief in der Kulturgeschichte des Menschen verwurzelt. Früher taten Männer vor allem zwei Dinge zusammen: Sie gingen gemeinsam zur Jagd oder zogen gemeinsam in den Krieg. Voraussetzung für eine erfolgreiche Jagd oder Schlacht war, dass die Männer im Team funktionieren. Jeder in der Gruppe musste sich auf den anderen verlassen können.

Einer für alle und alle für einen.

Nur so konnte man überleben.

In einem Punkt unterscheiden sich Männer- und Frauenfreundschaften dabei vollkommen: Wenn Jungs miteinander ausgehen, dann nicht mit Typen, die nicht ihr Level sind. Ein Mann würde nicht wollen, dass die Anwesenheit eines in der Hierarchie deutlich unter ihm stehenden Mannes auf seinen eigenen Status abfärbt.

Gehe ich mit einem Trottel weg, werde ich auch als Trottel angesehen.

Frauen haben dieses Problem nicht. Wie oft sieht man beim Ausgehen das Frauenpaar »die Hübsche« und »die Hässliche«, die beide voneinander profitieren. Die Hübsche muss nicht mit einer anderen hübschen Frau konkurrieren, wirkt in Begleitung weniger unnahbar und erhöht so ihre Chance, angesprochen zu werden. Die Hässliche versucht, die Jungs abzugreifen, die bei der Hübschen nicht landen können.

Eine solche Konstellation wäre bei Männern schlicht nicht möglich. Männer suchen sich immer Gleichgesinnte als Freunde, andere Männer, die mit ihnen seelenverwandt sind. Diese Seelenverwandtschaft hat den angenehmen Effekt, dass Männer sich in ihrer Freundschaft nicht ständig lang und breit erklären müssen. Vertrauen sie ihrem Freund etwas an, müssen sie es nicht zerreden, sondern können sicher sein, sofort verstanden zu werden. Männliche Freunde ticken auf einer Wellenlänge. Auch das Bildungslevel ist immer das gleiche.

Dabei sind Männerfreundschaften von einigen ungeschriebenen Gesetzen geprägt:

- Ich fasse die Freundin des anderen nicht an.
- Ich lasse ihn im Notfall nicht im Stich.

Wirklich beste Freunde hat ein Mann meist zwei, maximal drei. Der Rest sind Kumpel. Worin besteht der Unterschied? Die besten Freunde wissen alles von einem Mann. Beste Freunde stellen keine Fragen, wenn man sie um einen Gefallen bittet. Seinem besten Freund würde ein Mann seine Kinder anvertrauen, wenn ihm selbst etwas passiert.

Beste Freunde sind nicht zu verwechseln mit Kumpeln. Kumpels sind die Männer, mit denen man Sport macht und Spaß hat, aber denen man nicht alles erzählt. Denen vertraut man zwar auch, die würden einen auch nicht verpfeifen. Doch die Beziehung hat bei Weitem nicht die Tiefe wie zu einem besten Freund.

All diese Männerfreundschaften sind natürlich wie jede Männergruppe hierarchisch organisiert. Mit dem wichtigen Unterscheid: Diese Männer begreifen sich in erster Linie als Team und nicht als Konkurrenten.

Doch was bedeutet das für unseren Check?

Ein Beispiel: Hat ein Mann Freunde, die sich wie Streetgangster geben, er selbst läuft aber, weil er bei einer Bank arbeitet, die ganze Zeit im Anzug herum, ist er im Herzen dennoch selbst ein Streetgangster. Hat ein Mann Freunde, die rauchen, trinken und notorische Singles sind, sollten bei Ihnen die Alarmglocken schrillen, denn auch wenn er es vielleicht gerade unterdrückt, weil er Sie rumkriegen möchte: So wie seine Freunde ist er auch.

Im Geiste höre ich Sie sagen: »Das glaube ich nicht. Meine Freundin ist doch auch ganz anders als ich.«

Ja, das ist gut möglich. Weil – ich hatte es bereits erwähnt – Männer- und Frauenfreundschaften unterschiedlich funktionieren. Frauen können Freundinnen haben, deren Persönlichkeit und Charakter vollkommen anders sind. Mit der einen Freundin können sie besonders gut shoppen gehen, mit der anderen gehen sie gern ins Café, mit der dritten reden sie am liebsten über Männer. Je nachdem, welche Eigenschaften und welche Persönlichkeit eine Freundin mitbringt, gestalten Frauen auch die Beziehung zu dieser Freundin.

Männer können das nicht. Ein sportlicher Mann hat keinen dicken unsportlichen besten Freund, ein Schöngeist keinen Handwerker. Sind Männer zu verschieden, können sie als Freunde nichts miteinander anfangen.

Noch einmal: Mann und Freund sind seelenverwandt. Das eröffnet Ihnen als Frau eine einmalige Gelegenheit: Da Sie in den Freund nicht verliebt sind, sehen Sie in ihm Ihren Schwarm mit »normalen« Augen. Seinem Freund gegenüber ist Ihr Verstand noch nicht hormonell benebelt. Sie haben durch den Freund also die Möglichkeit, einen objektiven Blick auf Ihren Schwarm zu werfen. Diese Chance sollten Sie sich auf keinen Fall entgehen lassen. Wichtig ist in dem Zusammenhang natürlich auch, dass Sie dem besten Freund Ihres Schwarms gefallen. Das Urteil seines besten Freundes über Sie ist ihm sehr wichtig.

Ein erstes Bild über seine Freundschaften können Sie sich jedoch schon vorher machen. Fragen Sie den Mann doch einfach:

»Mit wem gehst du gerne weg?«

»Wohin gehst du?«

Männer gehen aus zwei Gründen aus: Um miteinander zu trinken oder um Frauen abzuschleppen. Männer gehen nicht miteinander aus, um in einem Café zu sitzen und über ihre Beziehungen zu reden. Männer gehen nicht einmal miteinander schick essen. Das funktioniert bei Ihnen nicht. Wenn Sie einen Mann daher fragen, mit wem er ausgeht und wohin er ausgeht, erfahren Sie bereits eine ganze Menge über ihn.

Geht er gerne mit seinen Freunden in die Kneipe, um Fußball zu gucken oder um stundenlang über Motorräder oder sonst ein Hobby zu reden, dann ist mit ihm alles in Ordnung und er gehört zu den netten, treuen, wenn auch ein wenig harmlosen Männern. Nennt er dagegen als seinen Hotspot eine Bar, die dafür bekannt ist, dass man darin gut Frauen aufreißen kann, sollten Sie hellhörig werden.

Auch die Frage »Wie viele beste Freunde hast du?« lässt einige Rückschlusse zu. Hat er gar keinen: Haken Sie nach! Nennt er eine Zahl höher als drei, wäre das auch nicht normal. Wahrscheinlicher ist, dass der Mann gar keinen besten Freund hat und kurzerhand einige Kumpel in selbige umgedichtet hat. An einem Mann ohne besten Freund ist jedoch definitiv etwas faul.

FRAGEN, FRAGEN, FRAGEN – DER MÄNNERCHECK IN DER PRAXIS

Sie kennen nun die zehn Punkte, die Sie bei einem Mann abklopfen müssen, um herauszufinden, ob er beziehungsfähig ist oder nicht. Seine Kindheit, seine Eltern, seine Beziehungsbiografie, sein Singleleben, seine Süchteleien, sein Sport-Status, sein Äußeres, sein Verhältnis zu seinen Exfreundinnen, seine Karriere, seine besten Freunde – das ist die ganze Liste. Nicht mehr und nicht weniger.

Wie Sie sicherlich gemerkt haben, greifen alle Punkte des Checks gleich den Zahnrädern eines Uhrwerks ineinander und sichern sich gegenseitig ab. Für sich genommen wirken einzelne Punkte vielleicht so, als wären sie nicht so wichtig, als hätten sie nur eine begrenzte Aussagekraft. Darin liegt eine große Gefahr. Bitte lassen Sie sich von diesem Gefühl nicht blenden und nehmen Sie jeden einzelnen Punkt des Checks ernst.

Der Männercheck kennt keine Kompromisse.

Wichtig ist, dass ein Mann alle Punkte des Checks besteht. Nur dann können Sie wirklich sicher sein, dass Sie mit diesem Mann eine stabile Beziehung führen können.

Doch natürlich reicht es nicht aus, den Check nur zu kennen. Sie müssen ihn auch anwenden. Damit Ihnen das besser gelingt, möchte ich Ihnen noch ein paar Ratschläge mit auf den Weg geben. Der wichtigste Grundsatz für den Männercheck lautet:

Fragen, fragen und nochmals fragen.

Interessieren Sie sich für den Mann! Erstens, weil es ihm schmeichelt. Zweitens, weil er Ihnen gegenüber mit jeder Frage ehrlicher wird. Je mehr Sie einen Mann fragen, desto größer – glaubt er – ist Ihr Interesse an ihm. Mit jeder Frage wähnt er sich seinem Ziel, Sie für sich zu gewinnen, näher. Er entspannt sich, verstellt sich immer weniger und verwandelt sich vom Dating-Pfau in den Mann, der er wirklich ist. Wie wir bereits festgestellt haben, präsentieren sich Männer perfekt. Der Lack geht meist erst nach dem dritten Date ab. Mit dem Männercheck sparen Sie sich die zwei Blender-Dates und gehen der Wahrheit über den Mann sofort auf den Grund. Wenn Sie bei einem

Date sind, lassen Sie sich von dem Mann, so sehr Sie auch auf ihn stehen, nicht einlullen.

Die schärfsten Waffen einer Frau sind ihre äußerlichen Reize.

Die stärkste Waffe eines Mannes ist sein Quatschen.[12]

Der Informationsgehalt des männlichen Balzgeredes ist darauf beschränkt, sich selbst in einem optimalen Licht zu präsentieren. Um an die Informationen zu kommen, die Sie wirklich interessieren, müssen Sie das Quatschen des Mannes unbedingt unterbinden. Die Regel Nummer eins für den Männercheck in der Praxis lautet daher:

Sie müssen das Gespräch führen, nicht der Mann.

Doch was ist, wenn ein Mann Ihren Fragen ausweicht? Lassen Sie sich davon auf keinen Fall verunsichern. Frauen lassen sich gern vertrösten und glauben, dass sich ein Mann ihnen umso mehr öffnen wird, je besser Sie sich kennengelernt haben. Ein Trugschluss. Ein Mann, der Ihren Beziehungsfragen ausweicht, wird das immer wieder tun. Das wird nicht besser. Regel Nummer 2 für den praktischen Teil des Checks lautet daher:

Geben Sie nicht gleich auf, wenn ein Mann Ihren Fragen ausweicht.

Will ein Mann Ihre Fragen nicht beantworten, müssen Sie ihn sofort fragen:

»Warum?«

Ein Beispiel:

»Mit wem hast du als Kind eigentlich am liebsten gekuschelt?«
»Weiß nicht!«

---

12 Ich bin sicher, dass fast jede Frau schon einmal von einem Mann regelrecht ins Bett gequatscht worden ist.

»Hast du lieber mit Mama oder mit Papa gekuschelt?«

»Darüber möchte ich nicht reden.«

»Warum nicht? So schlimm ist das doch nicht!«

»Die Frage ist mir ehrlich gesagt zu intim.«

Hallo? Wie bitte? Der Mann will ins Bett mit Ihnen. Er will Sex mit Ihnen. Sehr viel inniger und näher können zwei Menschen einander im Leben nicht kommen. Intimer geht's nicht. Das ist ein Date und kein Vorstellungsgespräch. Es geht um Sex, vielleicht sogar um Liebe, und nicht um einen Job. Also bohren Sie nach:

- »Was muss denn passieren, damit du dich jemandem öffnest?«
- »Was würde passieren, wenn du mir jetzt doch antwortest?«
- »Was hindert dich daran zu sprechen?«
- »Ist dein Vertrauen einmal gebrochen worden?«
- »Wann konntest du dich zuletzt jemandem öffnen?«
- »Gibt es jemanden außer dir selbst, der die Antwort auf diese Frage kennt?«

Achten Sie auf die Reaktion des Mannes.[13] Hinterfragt er sich? Hat er Antworten parat? Sucht er nach Antworten? Hört er manchmal vielleicht sogar ganz auf zu sprechen, weil er sich zu sehr in die Ecke gedrängt fühlt? Dieses Muster würde Ihnen in einer Beziehung immer wieder begegnen. Wollen Sie mit ei-

---

[13] Ganz oft ist die Reaktion eines Mannes auf Ihre Frage aussagekräftiger als seine Antwort. Senkt er den Blick? Weicht er körperlich von Ihnen zurück? Jegliche Form von Fluchtverhalten zeigt, dass Sie einen wunden Punkt getroffen haben.

nem Mann zusammen sein, der irgendwann einfach nur noch dasitzt und Löcher in die Luft starrt?

Öffnet er sich nicht, sollten Sie einfach aufstehen und gehen. Das ist in der Regel seine letzte Chance. Wird ein Mann mit der konkreten Angst konfrontiert, die Frau, die er begehrt, zu verlieren, mobilisiert er noch einmal alle Kräfte. Lässt er Sie gehen, ohne zu versuchen, sich Ihnen doch noch zu öffnen, wissen Sie über ihn Bescheid. Eine Beziehung mit solch einem Mann würde in einem Fiasko enden. Redet er, hören Sie genau zu und haken Sie nach.

Gerade das Nachbohren wird Ihnen am Anfang sehr schwerfallen. Ich kann es gut verstehen: Sie haben Angst. Davor, zu erfahren, dass der Mann, in den Sie sich verguckt haben, eine emotionale Niete ist und Sie ihn verlieren werden. Sie brauchen keine Angst zu haben:

Wenn der Mann eine verkorkste Emotionalität hat, werden Sie ihn so oder so verlieren. Ihre Beziehung wird nicht funktionieren. Fraglich ist auch, wie viel Freude die zwei, drei oder gar vier Jahre mit so einem Mann machen. Denken Sie immer daran: Sie wollen nicht einfach nur einen Mann an Ihrer Seite, sondern eine Beziehung. Die bekommen Sie von einem bindungsunfähigen Mann aber nicht. Am Ende werden Sie nicht nur den Mann, sondern etwas viel Kostbareres verlieren: Ihre Zeit.

Das einzusehen ist nicht immer leicht. Denn:

beziehungsunfähig ≠ abstoßend

Ich wiederhole mich hier gern, weil es sehr wichtig ist: Die meisten beziehungsunfähigen Männer sind keine Loser, die Frau auf den ersten Blick enttarnt, sondern ganz normale Typen, die mit beiden Beinen im Leben stehen und die einer Frau durchaus etwas zu bieten haben. Wir hatten ja bereits festgehalten: Bindung ist ein menschliches Grundbedürfnis. Jeder, auch Männer, die Bindung in ihrer Kindheit nicht oder nur unzureichend gelernt haben, wollen dieses Bedürfnis befriedigen. Diese Männer suchen nach Frauen, spielen bei ihnen ihre Dating-Qualitäten aus, ja sie heiraten sogar und bekommen Kinder … bis sie eines Tages die Beziehung mit ihrem Verhalten kaputt machen oder es in der Beziehung doch nicht mehr aushalten (siehe auch »Beziehungsunfähigkeit – wenn Bindung Angst macht«). Beziehungsunfähig heißt nicht, dass ein Mann beziehungsunwillig ist wie der klassische Casanova, der nur nach Affären und sexuellen Abenteuern sucht.

Ich weiß, dass der Männercheck hart ist und dass es vielen Frauen so vorkommt, als könne kein Mann ihn überhaupt bestehen. Ich kann Sie beruhigen. Es gibt genügend Männer, die den Check bestehen. Und ich werde Ihnen im nächsten Kapitel auch den Ort nennen, an dem Sie besonders viele dieser beziehungsfähigen Männer finden werden.

Dieser Ort wird Ihnen im ersten Moment nicht gefallen.

Doch ich bin sicher, dass ich Ihre Bedenken und Skrupel, an genau diesem Ort zu suchen, zerstreuen kann.

BEZIEHUNGSUNFÄHIGKEIT – WENN BINDUNG ANGST MACHT

Genau wie alle anderen Menschen sehnen sich Beziehungsunfähige nach Nähe. Doch sobald sie in einer Partnerschaft stecken, schlägt diese Stimmung um. Statt Nähe zuzulassen, trachten Beziehungsunfähige nun nach Distanz. Sie beginnen, ohne ersichtlichen Grund mit dem Partner zu streiten. Sie investieren sehr viel Zeit in ihre Arbeit oder in Freizeitaktivitäten und Hobbys ohne den Partner. Ihre zuvor noch große Lust auf Sex und körperliche Nähe lässt abrupt nach. Ist die gewünschte Distanz da, setzt wiederum der gegenteilige Effekt ein. Die Suche nach Nähe beginnt erneut. Für den Partner ist das emotionale Hin und Her eine Tortur. Mit einem Bindungsphobiker fühlt man sich mal in der perfekten Beziehung, mal in einem Beziehungsalbtraum. Für den »normalen« Partner beginnt ein Dilemma: Die guten Zeiten erschweren es enorm, sich einzugestehen, dass die Beziehung keine Zukunft hat. Die schlechten Zeiten sind nicht zum Aushalten. Vielleicht kennen auch Sie eine Beziehung in Ihrem persönlichen Umfeld, die von zahlreichen Trennungen und Neuanfängen gekennzeichnet ist. Mit großer Wahrscheinlichkeit ist einer der beiden Partner bindungsunfähig.

Meine Bekannte Sarah erlebte einmal eine solche Jo-Jo-Beziehung. Sarah war 32 und arbeitete im Musikmanagement. Sie war sehr sportlich. In ihrer Jugend hatte sie lange Leichtathletik gemacht. Später – beruflich bedingt war sie auf flexiblere Trainingszeiten angewiesen – ging sie gern ins Fitnessstudio. An den Wochenenden war sie gern zu Fuß oder per Rad in den Bergen unterwegs.

Als sie Markus kennenlernte, schien er perfekt. 34 Jahre alt. Triathlet. Guter Job im Vertrieb bei einem Sportartikelhersteller. Es funkte relativ schnell zwischen den beiden und nach den ersten vier Wochen war Sarah sich sicher: Der ist es. Die beiden harmonierten extrem und verbrachten fast jede freie Minute beim gemeinsamen Sporteln oder Relaxen miteinander. Damit war es jedoch nach einem Monat vorbei. Markus musste auf einen Kurztriathlon trainieren. Sarah bot an, an bestimmten Tagen mit Markus zu trainieren, doch

Markus lehnte ab. Um sich besser auf sein Training konzentrieren zu können. Sarah – im Herzen selbst Sportlerin – zeigte Verständnis für Markus' Entscheidung. Über Wochen sahen die beiden sich sehr plötzlich viel weniger. Nach dem Wettbewerb – so die Hoffnung von Sarah – würde sich die Situation ja wieder ändern. Doch das tat sie nicht. Jetzt war es ein Projekt in der Arbeit, das Markus' ganze Aufmerksamkeit forderte. Die Beziehung zwischen Sarah und Markus kühlte vollkommen ab. Nach drei Monaten zog Sarah die Konsequenzen und trennte sich von Markus. Doch das sollte noch lange nicht das Ende der Geschichte sein.

Einen Monat nach der Trennung meldete sich Markus wieder bei Sarah. Sie zögerte erst, doch da er hartnäckig blieb und Sarah sich noch immer zu Markus hingezogen fühlte, gab sie seinem Werben nach. Zwei Monate lang glaubte sie, die richtige Entscheidung getroffen zu haben. Ihre Beziehung zu Markus fühlte sich genau wie am Anfang an. Dann überraschte sie Markus mit der Nachricht, dass er von seinem Arbeitgeber das Angebot habe, nach Berlin zu gehen und dort den Vertrieb neu zu strukturieren. Und dass er das Angebot annehmen wolle. Vier Monate lang hielt Sarah die Fernbeziehung aus. Bereits im zweiten Monat hatte Markus nicht einmal mehr an den Wochenenden Zeit für sie. Auch seine Anrufe wurden weniger. Wenn die beiden sich doch sahen, waren die Stunden, die sie miteinander verbrachten, wenig harmonisch. Sie stritten viel. Wieder hatte Sarah das Gefühl, in einer Beziehungssackgasse zu stecken. Wieder entschied sie sich für eine Trennung.

Diesmal meldete sich Markus nach acht Monaten wieder bei ihr. Zwischendurch hatte es zwar das eine oder andere »Lebenszeichen« gegeben, doch ohne Belang. Nun jedoch sagte Markus, dass er wieder nach München kommen würde und dass er sie die ganze Zeit vermisst habe. So sehr, dass er keine halben Sachen mehr machen und mit ihr in eine gemeinsame Wohnung ziehen wolle. Als sie sich wiedersahen, schien Markus verändert. Reifer, erwachsener und wirklich an einer Beziehung mit ihr interessiert. Zwei Monate später zogen die beiden zusammen. Drei Monaten später spürte Sarah, wie Markus sich wieder mehr und mehr zurückzog. Hatte sie anfangs noch geglaubt, das abweisende Verhalten von Markus ihr gegenüber sei vor allem den äußeren Umständen geschuldet gewesen, dachte sie nun, dass sie etwas falsch machen würde. Also intensivierte sie ihr Engagement, sie arbeitete an ihrer Beziehung zu Markus. Sie gab ihm vor allem seine Freiräume, die er offenbar brauchte, und hoffte im Gegenzug auf mehr Nähe zwischen ihnen. Eine Zeit lang funktionierte das auch. Bis sie für einen Monat nach Hawaii in den Urlaub flogen. Dort angekommen, gab es fast jeden Tag Streitereien, obwohl sie doch jetzt endlich Zeit hatten und Ruhe, um füreinander da zu sein. Nach dem Urlaub war Sarah vollkommen verunsichert und fragte sich ständig, was sie falsch mache.

Diese Frage stellte sich mir auch, als sie mir in dieser Zeit ihre Geschichte erzählte. Als ich ihr sagte, dass sie gar nichts falsch mache und leider »nur« das Pech gehabt habe, an einen beziehungsunfähigen Mann geraten zu sein, wollte sie mir nicht glauben. Markus beziehungsunfähig? Das hätte sie doch erkannt! Ihre Meinung änderte sie erst, als sie mit einer Paarpsychologin gesprochen hatte, die ihr dieselbe »Diagnose« mitteilte. Als ich später mit Sarah den Männercheck durchging, ärgerte sie sich, wie sie die »eigentlich so offensichtlichen Anzeichen für eine Beziehungsunfähigkeit« an Markus hatte übersehen können. Noch mehr schmerzten sie jedoch die zwei verlorenen Jahre, die sie in eine Beziehung investiert hatte, die sie – mit dem Wissen von jetzt – so nie geführt hätte.

KAPITEL 3

WILDERN IN FREMDEM REVIER: WO FRAU DIE BESTEN MÄNNER FINDET

WARUM ES KEINE GUTEN SINGLEMÄNNER GIBT

Die häufigste Klage der Frauen, die mich in Beziehungsfragen um Rat baten, lautet:

»Uli, wo finde ich denn überhaupt so einen Mann? Einen, der den Check besteht? Die guten Männer, die sind doch alle schon längst vergeben.«

Ohne es zu wissen, haben sich diese Frauen, die Antwort auf ihre Frage bereits selbst gegeben:

Die guten Männer sind alle schon längst vergeben.

Und das ist nicht einfach nur so dahergesagt, sondern entspricht den Tatsachen. Gute Männer stecken eigentlich ständig in einer Beziehung. Sie erinnern sich an die drei unangenehmen Wahrheiten über Männer und Beziehungen?

Gute Männer sind keine Singles.

Der Grund dafür ist wieder einer dieser kleinen großen Unterschiede zwischen Männern und Frauen, der bereits Thema war, als wir den vierten Punkt des Männerchecks – sein Singleleben – und den sechsten Punkt – seine Geschichten über die Ex – besprochen hatten. Männer können nicht gut allein sein. Sie versuchen, eigentlich ständig in einer Beziehung zu sein, um emotional und häuslich auch gut versorgt zu sein.

Diese »Sucht nach Beziehung« findet auch ihren Ausdruck in der Art und Weise, wie Männer sich trennen. Frauen können unter Beziehungen einen Schlussstrich ziehen. In jeder Beziehung haben Frauen eine Art Schwellenwert, der das Mindestmaß an Beziehungsqualität darstellt, das sie erwarten. Sinkt die Beziehungsqualität unter den Schwellenwert, arbeiten Frauen an der Beziehung und versuchen, die Beziehungsqualität wieder zu erhöhen. Sie sind vollkommen darauf fokussiert, »ihre Beziehung zu retten«. Bleibt die Qualität jedoch trotz dieser Bemühungen dauerhaft unter dem Schwellenwert, beenden Frauen die Beziehung.[14] In der Regel nehmen sie sich danach eine Auszeit, bevor sie wieder bereit für eine neue Romanze sind. Die Wunden müssen schließlich erst verheilen, und das braucht Zeit. Was Partnerschaften betrifft, denken Frauen immer seriell. Männer nicht.

Männer denken Beziehungen parallel.

Bemerkt ein Mann, dass es in seiner Beziehung nicht mehr gut läuft, beginnt er sofort, seine Fühler nach anderen Frauen

---

14 Ein Blick in die Scheidungsstatistik zeigt: Fast 60 Prozent aller Scheidungen gehen auf die Initiative von Frauen zurück. Nur 36 Prozent der Scheidungen gehen von Männern aus. Die restlichen Paare trennen sich einvernehmlich. In den USA ist die Zahl der sich scheidenden Frauen sogar noch höher. Hier sind es mehr als 70 Prozent der Trennungen, die von Frauen angestrebt werden.

auszustrecken. Schließlich will er, wenn es in der aktuellen Beziehung nicht mehr klappen sollte, nicht lang allein dastehen. Aus diesem Grund ist auch die Fremdgehquote bei Männern höher als bei Frauen.

Sobald es in ihrer Beziehung kriselt, testen Männer ihren Marktwert. Sie beginnen zu flirten, suchen sich eine Geliebte und holen sich bei anderen Frauen, was sie in ihrer Beziehung nicht mehr bekommen: Anerkennung, Sex, Bewunderung. An der alten Beziehung arbeiten? Ungern. Entweder eine Beziehung läuft, oder sie läuft nicht.

Kein »normaler« Mann würde auf den Gedanken kommen, seiner Frau eine Paartherapie vorzuschlagen. Die Initiative dazu geht – wie bei den Trennungen – mehrheitlich von Frauen aus. Willigt ein Mann ein, zur Paartherapie zu gehen, dann nicht, weil er an den Erfolg glaubt oder hofft, sich zu ändern. Er macht das in erster Linie, um seiner Frau damit einen Gefallen zu tun. Nach dem Motto »Sie fühlt sich wohl mit einer Paartherapie, also machen wir das – auch wenn es sinnlos ist«.

Auch diesen Punkt hatten wir bereits angesprochen: Gute Männer wollen Frauen nicht verletzen.

Deswegen können sich Männer ja auch nur so schwer trennen. Sie können einer Frau nicht einfach den Schutz entziehen, den sie ihr einmal versprochen haben. Sind gar bereits Kinder im Spiel, können und wollen sie sich schon dreimal nicht aus ihrer Rolle als Versorger stehlen. Täten sie es doch, würden sie ihre Männlichkeit komplett verraten. Doch der männliche »Edelmut« hat eben auch seine Grenzen. In einer Beziehung ohne Anerkennung, Sex und Bewunderung wollen und können Männer auf Dauer auch nicht leben. Also schauen sie sich anderweitig um.

Sind sie damit erfolgreich, haben sie wenig zu verlieren. Werden sie nämlich beim Fremdgehen erwischt, herrscht hinterher Klarheit. Entweder scheitert die alte Beziehung endgültig und der Mann kommt bei der Geliebten unter. Oder aber der Seitensprung wird verziehen und in die alte Beziehung kommt neuer Schwung. Das klingt skrupellos, schon gar nicht romantisch, aber so ticken Männer nun mal. So funktionieren Liebesbeziehungen bei Männern, auch bei den guten.

Dabei ist es nicht so, dass Männer nicht unter dem Ende einer Beziehung leiden würden. Das tun sie. Allerdings gehen Männer, was die Heilung des Liebeskummers angeht, sehr viel aggressiver vor als Frauen. Ihre Lieblingsmedizin: eine neue Beziehung. Hilft immer. Männer leiden selbst dann nicht lange, wenn sie vom Ende einer Beziehung überrascht werden, wenn die Frau das Beziehungsende im Stillen mit sich selbst ausgemacht hat (oder einen besseren Mann gefunden hat). Zwar können die »Supermänner« es im ersten Moment gar nicht glauben, dass sie sitzen gelassen wurden, doch dieser Zustand hält nicht lange an. Einen oder vielleicht drei bis vier Monate laufen sie wie begossene Pudel durch die Gegend, dann schütteln sie sich kurz und holen sich mit jedem Date – gern auch mit verschiedenen Frauen – mehr und mehr von ihrem Selbstvertrauen zurück. Eine Pause nach der Enttäuschung? Brauchen Männer nicht.

Schaut man sich die Scheidungs- und Trennungsstatistiken an, sollte der Singlemarkt eigentlich ständig mit neuen beziehungsfähigen Männern versorgt werden. Doch die Frauen, die auf der Suche sind, haben ein ganz anderes Gefühl:

»Es gibt überhaupt keine tollen Singlemänner. Die haben alle einen Schaden.«

Dieses Gefühl trügt nicht. Ich persönlich kenne richtig viele tolle Singlefrauen. Tolle Singlemänner? Kenne ich so gut wie keine. Wie auch? Tolle Männer stecken entweder in einer Beziehung oder sie sind – wenn es in ihrer aktuellen Beziehung kriselt – bereits auf dem Sprung in die nächste, obwohl sie noch gar nicht getrennt sind. Die Konsequenz:

Die wirklich guten Männer tauchen auf dem Singlemarkt gar nicht auf.

Die guten Männer findet man woanders. Mein Rat an jede Frau auf der Suche nach einem beziehungsfähigen Mann lautet daher:

Suchen Sie vor allem bei anderen Frauen, in anderen Beziehungen nach einem Mann. Dort findet Frau gute beziehungsfähige Männer zuhauf.

Ich weiß um die Reaktionen von weiblicher Seite auf diesen Vorschlag:

- »Du spinnst doch, so was mach ich nicht.«
- »Ich spanne doch einer anderen Frau nicht den Mann aus.«
- »Ich könnte niemals eine Familie auseinanderreißen.«
- »Wenn er sie verlässt, wird er das mit mir bald genauso machen.«

Derartige Vorbehalte gegenüber meinem Rat sind edelmütig … aber sinnlos.

WAHRSCHEINLICHKEITEN – WARUM DIE MATHEMATIK ZUR PARTNERSUCHE IN DER BEZIEHUNG RÄT

Drei von vier Erwachsenen leben in einer Beziehung. Nur ein Drittel aller Erwachsenen sind Singles. Diese Zahlen gelten auch für die »interessante« Zielgruppe der Männer unter Mitte 30. Hier sind fast 40 Prozent aller Männer verheiratet. Hinzu kommen Männer, die in festen Beziehungen ohne Trauschein leben. Nur etwa jeder Vierte ist Single. Das heißt, die Auswahl an Singlemännern ist für sich genommen schon sehr klein. Zur schlechten Quantität gesellt sich bei den Singlemännern auch noch die schlechte Qualität.

Meiner Erfahrung nach sind vielleicht fünf Prozent aller Singlemänner brauchbar (beziehungsfähig). Ganz anders schaut das bei den vergebenen Männern aus. Hier schätze ich den Prozentsatz an Beziehungsfähigen auf 40 bis 50 Prozent. Bedenken wir, dass jede zweite Ehe oder Partnerschaft über kurz oder lang in die Brüche geht, werden aus dem Pool der Vergebenen zwischen 20 bis 25 Prozent neu auf den Markt geworfen.

5 Prozent gegenüber 25 Prozent. Die Chance, seinen zukünftigen Partner in einer anderen Beziehung zu finden, ist bereits rein mathematisch gesehen dramatisch höher.

DIE ROMANTISCHE LIEBE – WUNSCHVORSTELLUNG UND WIRKLICHKEIT

Reden wir doch noch einmal über die Liebe. Jenes wunderbare, aber auch gleichsam vertrackte Gefühl. Bereits am Anfang hatten wir die zwei wichtigsten Phasen der Liebe benannt:

Zum einen das Verliebtsein, jenen anfänglichen Hormonrausch, der uns von unserem Partner abhängig macht, und zum anderen die Liebe an sich, die nicht mehr so sehr von Leidenschaft, sondern sehr viel stärker vom Gefühl der Verbundenheit geprägt ist. Doch was geschieht mit Liebesbeziehungen, die in die Jahre kommen? Auch hier ist die Wissenschaft unbarmherzig und hat festgestellt:

Liebe nutzt sich ab.

Dass muss sie nicht zwangsläufig. Auch das haben Wissenschaftler herausgefunden. Es gibt ein paar Tricks, die Flamme noch ein wenig länger am Köcheln zu halten. Doch unabhängig davon ist Liebe von der Natur nicht für die Ewigkeit gemacht, sondern auf einen groben Zeitrahmen von circa 20 Jahren ausgelegt. Das ist die Zeit, die wir in etwa brauchen, um unseren Nachwuchs großzuziehen.

Die vergängliche Natur der Liebe spiegelt sich auch in der Statistik wider: Die Hälfte aller Ehen wird geschieden und die meisten unverheirateten Paare gehen auch nicht mit nur einem Partner durchs Leben. Eine Ehe hält heutzutage im Schnitt 14,8 Jahre. Noch vor 150 Jahren hätte das auch locker gereicht. Schließlich lag die Lebenserwartung damals bei gerade mal 40 Jahren. Mittlerweile werden wir jedoch bis zu 80 Jahre und älter. Daher ist in unserem Leben ganz einfach Platz für mehr als eine ernsthafte Beziehung. Warum auch nicht?

Die Vorstellung der Frauen von der Liebe orientiert sich nicht an dieser statistischen und gelebten Realität.

Frauen träumen lieber von der einen großen wahren Liebe, die ewig hält. Grundsätzlich ist das nicht verkehrt. Ich persönlich teile diese Vorstellung durchaus. Die große Liebe, die gibt es. Dieses Gefühl, dass man perfekt zusammenpasst. Das man füreinander bestimmt ist. Die meisten Menschen allerdings finden diese große Liebe niemals in ihrem Leben. Einige jedoch schon. Und es gibt sogar Paare – ich schätze, es sind fünf, vielleicht zehn Prozent –, bei denen hält die Liebe tatsächlich bis ans Lebensende. Doch diese Paare sind die Ausnahmen, nicht die Regel.

In der Regel verliert sich die Liebe nach Jahren in der Alltagsroutine. Der Sex wird weniger. Die Vertrautheit verführt uns, weniger achtsam mit dem Partner zu sein. Wir hören auf, auf seine Probleme – es sind sowieso immer dieselben – einzugehen. Es ist ein schleichender Prozess, der dazu führt, dass 40 Prozent aller Paare eines Tages feststellen:

»Wir haben uns auseinandergelebt.«

Es ist der häufigste von Paaren angegebene Trennungsgrund. Liebe ist vergänglich. Das ist traurig und bedeutet für beide Partner große Veränderungen. Das Ende einer Liebe ist aber nicht das Ende der Welt (auch wenn es sich im ersten Moment oft so anfühlt). Daher rate ich allen Frauen, ihre Vorstellung von der großen Liebe zwar nicht aufzugeben, aber zumindest mit der Realität zu verknüpfen. Und diese Realität sieht nun mal so aus, dass es die guten Männer (und zwar richtig viele von denen!) in anderen Beziehungen zu finden gibt und diese anderen Beziehungen in der Regel nicht ewig halten.

Beziehungen gehen auseinander. Das ist ein Fakt. Auch die Beziehungen von Menschen, die an und für sich beziehungsfähig sind. Die Gründe dafür sind vielfältig. Mal ist der Mann schuld, mal die Frau, mal nutzt sich eine Beziehung einfach ab. Beziehungen gehen aber nicht einfach so auseinander. Wenn Beziehungen auseinandergehen, hat das einen Grund. Und der steckt immer in der Beziehung selbst.

Wenn ein Mann seine Frau noch immer liebt, wenn alles in seiner Beziehung stimmt, können Sie als Frau unternehmen, was immer Sie wollen: Sie werden bei diesem Mann keine Chance haben. Denn obwohl Männer Beziehungen fließend und parallel denken, können sie aus vollem Herzen lieben. Und wenn Männer das tun, kann da kommen, was will. Ist seine Liebe stark genug, werden Sie bei ihm abblitzen. Sie haben nur eine Chance, wenn in der Beziehung bereits etwas nicht stimmt. Folgendes sage ich den Frauen, die mich um Rat fragen, daher immer wieder:

Sie können eine funktionierende Beziehung von außen nicht kaputt machen.

Und weil das so ist, sind Skrupel oder Gewissensbisse bei der Suche nach einem Mann in anderen Beziehungen vollkommen fehl am Platz. Als Frau verschaffen Sie sich mit dem Wildern im fremden Revier lediglich einen Wettbewerbsvorteil gegenüber den Frauen, die nur auf dem klassischen Singlemarkt suchen. Sie greifen die guten beziehungsfähigen Männer dort ab, wo diese wirklich zu finden sind: kurz vor dem Ende einer sterbenden Beziehung.

MÄNNER SIND TREU – ABER ANDERS ALS FRAUEN

Das Unbehagen von Frauen, im fremden Revier zu wildern, fußt nicht nur auf der Rücksicht gegenüber der »anderen Frau«, sondern auch darauf, selbst das nächste Opfer des untreuen Tunichtguts zu werden, der Frau und möglicherweise die Familie für eine andere verlassen hat. Schließlich haben wir ja auch beim Männercheck gelernt:

Ein Mann über 27 ändert sich nicht mehr.

Richtig. Doch genau deshalb dürfen Sie das Fremdgehen eines Mannes nicht isoliert betrachten. Der Mann, auf den Sie es abgesehen haben, muss ja dennoch unseren Check bestehen. Und der ist in Beziehungsfragen eine wahre Allzweckwaffe. In diesem konkreten Fall kommt vor allem Punkt 3 ins Spiel, die Beziehungsbiografie des Mannes. Kommt ein Mann gerade aus einer langen Beziehung, wird er natürlich wieder an einer langen Beziehung interessiert sein. Hat er dagegen in den letzten Jahren häufig seine Partnerinnen gewechselt, ist bei ihm Vorsicht geboten.

Männer können es sich in der Beziehungskonstellation mit einer Geliebten durchaus bequem machen. Um herauszufinden, ob er wirklich bereit ist, seine Frau für eine andere zu verlassen, müssen Sie sich lediglich an einen der Grundsätze halten, die wir bereits formuliert hatten:

Höre niemals auf das, was ein Mann sagt, sondern achte auf das, was er tut.

Meine Bekannte Stephanie wollte diesen Rat lange Zeit nicht beherzigen. Bereits seit mehr als einem Jahr war sie mit einem verheirateten Mann liiert. Die beiden trafen sich regelmäßig, verbrachten manchmal sogar mehrere Tage auf »Dienstreise«. Immer wieder jammerte er über den Zustand seiner Ehe. Doch immer, wenn Stephanie das Thema Trennung konkret ansprach, wurde sie vertröstet. Als ich mich mit Stephanie unterhielt, erfuhr ich, dass der Mann ein eigenes Handy angeschafft hatte, auf dem sie ihn erreichen konnte. Die beiden gingen auch nie in der Öffentlichkeit essen (außer auf den »Dienstreisen« weit außerhalb der Stadt). Als ich das hörte, war ich mir sicher, dass der Mann bei jedem Treffen mit Stephanie peinlich darauf achtete, keine Spuren mit nach Hause zu nehmen: Parfümgeruch, Lippenstiftspuren, Kratzer auf der Haut. Als ich Stephanie danach fragte, bejahte sie das. Mir war sofort klar: Dieser Mann würde Stephanie ewig hinhalten.

Ein Mann, der derart akribisch seine Fremdgehspuren verwischt, hat nicht vor, seine Frau zu verlassen. Grundsätzlich sollte ein Mann, der es ernst meint, innerhalb von drei bis vier Monaten den Deckel auf seine neue Beziehung machen. Hat er Kinder in seiner alten Beziehung, kann es bis zum endgültigen Trennungsentschluss bis zu einem Jahr dauern.

Es gibt bei Männern vier Gründe, aus denen sie fremdgehen. Bei Frauen sind es zwei. Frauen gehen fremd, wenn sie in einer Beziehung vernachlässigt werden oder weil sie die Bestätigung suchen, als Frau noch begehrenswert zu sein. Der Wunsch, begehrt zu werden, ist bei Frauen sehr ausgeprägt. Erfährt eine Frau in einer Beziehung von ihrem Mann nicht mehr die Aufmerksamkeit, die sie braucht und die sie sich wünscht, holt sie sich diese woanders. Ich bin sicher, dass auch Sie hin und wieder in der freien Wildbahn ausprobieren, ob Ihr Sex-Appeal und Charme noch ziehen. Interessant dabei ist: Frauen flirten meist ohne Hintergedanken. Weder suchen noch wollen sie Sex. Es geht Ihnen wirklich nur um die Bestätigung, um die Gewissheit, dass sich die Männer noch für sie interessieren. Bekommt Frau diese Bestätigung, ist sie zufrieden.

Männer gehen aus denselben Gründen fremd: Vernachlässigung in der Beziehung und fehlende Bestätigung. Bei ihnen kommen jedoch noch zwei weitere Gründe hinzu. Der erste: Seine Frau macht im Bett etwas nicht, was er gerne hätte. Beispielsweise dominiert oder ausgepeitscht werden.[15] Zu Hause kann oder will er das nicht ausleben. Also sucht er sich eine andere. Der vierte Grund ist extrem banaler Natur: Ein Mann geht fremd, weil er es kann. Einfach weil er die Gelegenheit dazu hat. Es gibt ganz oft keinen bestimmten Grund, warum ein Mann fremdgeht. Er tut es einfach. Er geht fremd, obwohl er eine funktionierende Beziehung hat, obwohl er nicht vernachlässigt wird und ausreichend Bestätigung erfährt. Weil er ein Mann ist. Ich weiß, dass das für Frauen nur sehr schwer zu verstehen ist. Aber es ist tatsächlich so:

Männer brauchen keinen bestimmten Grund, um fremdzugehen.

An und für sich sind wir Menschen nicht monogam. Die Natur will, dass wir uns so oft wie möglich paaren. Dieser Urinstinkt ist bei Männern stärker ausgeprägt als bei Frauen und manchmal passiert es, dass sich dieser Urinstinkt von allen gesellschaftlichen Zwängen befreit und ausgelebt wird. Das hat nichts damit zu tun, dass diese Männer ihre Frau nicht lieben. Das Fremdgehen bedeutet ihnen nichts.

Gehen Sie manchmal zur Wellness? Nach einer Massage, diversen Body- oder Face-Treatments fühlen Sie sich einfach wohl. So geht es Männern mit einem One-Night-Stand. Er ist eine Seelenmassage für den Mann. Das, was Sie als Frau für ihren Masseur empfinden, empfindet ein Mann für seine Affäre. Mit Liebe hat das nichts zu tun.

Unser Gehirn trennt Liebe und Sex und sogar das Verliebtsein übrigens sehr sorgfältig. Die drei Bereiche sind zwar

---

15 Oft weiß die Frau des Mannes von diesen Wünschen sogar gar nichts. Die meisten Männer tragen sexuelle Wünsche, die über das »Normale« hinausgehen, – aus Liebe! – gar nicht erst an ihre Frau heran.

neuronal miteinander verbunden, wirken im Gehirn aber für sich. Die stärkste Wirkung im Gehirn hat das Verliebtsein. Es ist sogar noch stärker als unser Sexualtrieb.

Betrachten wir doch einmal die klassischen Beziehungsbiografien von Männer und Frauen. Im Alter von 20 bis 30 Jahren trennen Männer Sex und Liebe vollkommen. Das eine hat für sie mit dem anderen nichts zu tun. In dieser Zeit können Männer mit unglaublich vielen Frauen ins Bett gehen, ohne dabei emotional an die Frau gebunden zu sein. Frauen im gleichen Alter verknüpfen dagegen Liebe und Sex sehr stark miteinander. Daher sind sie in dieser Zeit auch besonders anfällig für Beziehungen mit Männern, die gut im Bett sind. Nichtsdestotrotz sind Frauen in dieser Zeit wählerischer, was die Anzahl und Qualität ihrer Partner angeht.

Zwischen 30 und 35 Jahren kehrt sich das Verhältnis von Liebe und Sex bei den Geschlechtern um. Frauen erleben einen Anstieg ihrer Libido. Sie bekommen noch einmal richtig Lust. Plötzlich können auch sie Liebe und Sex viel besser voneinander trennen und lassen sich leichter auf Abenteuer ein. Die Libido eines Mannes sinkt dagegen. Er beginnt, monogamer zu denken, und verbindet das Thema Sex immer stärker mit seiner Liebe zu einer Frau. Deswegen sind Männer Mitte 30 auch am ehesten bereit, eine Familie zu gründen.[16]

Fremdgehen ist also nicht gleich fremdgehen. Als Frau müssen Sie differenzieren und nach den Gründen forschen, warum ein Mann fremdgegangen ist. Kriselt es in seiner Beziehung? Ist er tatsächlich bereit, seine Frau zu verlassen?

---

16 Die prozentuale Verteilung, wie viele Männer und Frauen in Beziehungen fremdgehen, ist übrigens annähernd gleich. Unterschiedlich ist nur, dass die Frauen mit dem Fremdgehen später anfangen und eine längere Affäre einem One-Night-Stand vorziehen.

Dann können Sie zugreifen! Oder sucht er doch nur eine Gespielin für den Sex-Kick zwischendurch? Lassen Sie die Finger von ihm!

Glauben Sie mir, Ihre Skrupel, einer anderen Frau eventuell in den Rücken zu fallen, wenn Sie ihr den Mann »klauen«, können Sie getrost ad acta legen. Die sind wirklich Ihr kleinstes Problem. Viel wichtiger ist es, die wahren Absichten des Mannes zu erkennen, auf den Sie es abgesehen haben. Sind Sie die Frau, mit der er sich eine Beziehung vorstellen kann? Oder sind Sie nur eine Affäre, eine Bettgeschichte, die keine Zukunft hat?[17] Doch genau damit, die wahren Absichten eines Mannes zweifelsfrei zu erkennen, tun sich viele Frauen unheimlich schwer.

Dabei verrät jeder Mann seine wahren Gefühle für eine Frau durch ganz bestimmte Signale. Welche das sind, möchte ich im nächsten Kapitel klären.

---

17 Das gleiche Problem hätten Sie übrigens auch mit einem Mann, der bereits getrennt ist und den Sie just in dem winzig kleinen Moment abgegriffen haben, als er verfügbar war.

ALTERNATIVEN ZUM WILDERN IM FREMDEN REVIER?

Gibt es Alternativen zum »Wildern im fremden Revier«? Ja, und ich bin der Meinung, dass Sie so viele wie möglich davon ausschöpfen sollten. Sie müssen Präsenz am Markt zeigen. Im Büro, beim Onlinedating, im Sportverein oder im Club-Urlaub. Das Verlieben am Arbeitsplatz funktioniert seit Jahren gut. (Weniger gut funktionieren jedoch Paare, die gemeinsam arbeiten. Zwischen ihnen entsteht schnell das Gefühl, keinerlei Freiräume mehr zu haben. Das Zuviel an Nähe belastet die Beziehung und die Kollegen.) Immer mehr Paare finden sich heute online. Daran sind nicht nur die professionellen Dating-Portale »schuld«, sondern auch Social-Media-Kanäle wie Facebook oder Twitter, über die man unkompliziert andere Menschen kennenlernen kann. Auch Club-Urlaube in Ressorts mit bekannt hoher Single-quote sind eine gute Anlaufstelle für Frauen auf Männersu-che, ebenso wie Sportvereine, in denen man richtig viele gute Männer finden kann. Wichtigster »Handelsplatz« auf dem Beziehungsmarkt ist und bleibt jedoch der Freundes- und Bekanntenkreis. Hier lernen sich immer noch die meisten Paare kennen. Für alle Locations gilt: Gefällt Ihnen ein Mann, lassen Sie ihn Ihr Interesse spüren (ohne den ersten Schritt selbst zu machen!). Erwidert er das Interesse, unterziehen Sie ihn dem Check.

KAPITEL 4

DER STATUSCHECK: IN WELCHER LIGA SPIELEN SIE ALS FRAU?

PUNKTE SAMMELN VS. STATUSCHECK – WIE UNTERSCHIEDLICH MÄNNER UND FRAUEN BEI DER PARTNERWAHL TICKEN

Ich weiß, dass viele Frauen sehr von Ihren Verführungskünsten überzeugt sind und denken:

»Ich habe noch jeden, den ich wollte, gekriegt.«

Als Mann muss ich Ihnen sagen: Ganz so einfach liegt die Sache für Sie als Frau leider nicht (zumindest wenn Sie mehr wollen, als den Mann ins Bett zu kriegen – da ist meist eher weniger Überzeugungsarbeit nötig). Ein kleines, aber gewichtiges Wörtchen reden die Männer da schon mit.

Stellen Sie sich vor, Sie lernen in einer Bar einen Mann kennen. Gut aussehend, höflich, aufmerksam und in der Lage, sich mit Ihnen länger als fünf Minuten über etwas anderes als Fußball zu unterhalten. So einen Mann will Frau doch gern näher kennenlernen, oder? Vielleicht wird das ja was mit Ihnen und ihm? Und so gehen Sie verträumt nach Hause und genießen, wie die Schmetterlinge im Bauch langsam wieder zu fliegen beginnen. Schön und gut. Das Dumme an der Sache ist eben nur: Noch bevor Sie den Drink, den Ihr Barschwarm Ihnen vor einigen Stunden spendiert hat, ausgetrunken hatten, hatte er bereits eine sehr wichtige Entscheidung über Ihre gemeinsame Zukunft getroffen.

Lernt eine Frau einen Mann kennen, weiß sie zwar sofort, ob sie ihn vielleicht einmal »ranlassen« würde, ob es jedoch der Mann fürs Leben ist oder gar der mögliche Vater ihrer zukünftigen Kinder, weiß sie nicht. Bis eine Frau sich dieser Entscheidung sicher ist, muss ein Mann bei ihr erst einmal »Punkte sammeln«. Mit guten Taten. Gute Taten sind Aufmerksamkeiten und Überraschungen. Es gibt Punkte für Blumen und Punkte für Anrufe. Für Anrufe bei Ihnen im Büro verteilen Sie im Herzen sogar ein paar Punkte mehr, als wenn er Sie nur am Abend daheim anruft. Sie verteilen Punkte für ein Picknick im Grünen. Für einen überraschend von ihm organisierten Wochenendtrip nach Paris gibt es besonders viele Punkte. Sie verteilen Punkte für die Art, wie er küsst, den Theaterbesuch, fürs Kino und und und. Und hat der Mann eines Tages endlich ein prall gefülltes Punktekonto vorzuweisen, kommen Sie zu dem Schluss, dass er es tatsächlich wert ist. Dann erst sind Sie bereit, sich mit Haut und Haaren auf ihn einzulassen.

Männer machen sich diese Mühe nicht.

Frauen fallen in der Regel aus allen Wolken, wenn ich Ihnen erzähle, wie Männer bei der Partnerwahl vorgehen. Bevor ein Mann Ihnen ins Herz schaut, schaut er Ihnen in die Augen, auf

Po und Busen, auf Ihre Haut, Ihre Frisur und Ihren Körper. Ob Ihnen das gefällt oder nicht. Ich weiß, dass das wenig romantisch klingt, aber in Sachen Partnerwahl sind Männer alles andere als Romantiker und folgen allein ihrem biologischen Instinkt. Seit Jahren erforschen Wissenschaftler, warum wir uns ausgerechnet in die Menschen verlieben, in die wir uns verlieben. Was macht diese Menschen so besonders? Nun, die Ergebnisse zahlreicher Studien sind ernüchternd: Wenn Männer eine Frau bewerten, achten sie vor allem auf den Busen, einen runden Po und andere klassische Fruchtbarkeitsmerkmale. Sie wollen gute, gesunde Gene für ihren möglichen Nachwuchs. Nicht mehr und nicht weniger. Frauen, so die Forschung, wollen das übrigens auch, mit dem einzigen Unterschied, dass sie sich eben nicht so schnell wie ein Mann zu ihrer biologischen Entscheidung bekennen. Frauen, so haben es Wissenschaftler herausgefunden, verlieben sich generell sehr viel langsamer als Männer. Diese Vorsicht hat einen guten Grund: Sobald in einer Beziehung Kinder ins Spiel kommen, ist das Investment der Frauen – körperlich und emotional – sehr viel höher als das der Männer. Also lässt sie den genetisch für attraktiv befundenen Mann erst einmal zappeln und brav seine Punkte sammeln, um herzufinden, ob sich ihr Investment überhaupt lohnt.[18]

Doch zurück zum Mann auf Brautschau und der wichtigen Erkenntnis:

Als Frau können Sie bei Männern keine Punkte sammeln.

---

18 Männer wissen übrigens ganz genau, dass sie bei Frauen Punkte sammeln müssen, und machen das auch gerne und brav. Verschwendet ist der Aufwand, den ein Mann für eine Frau betreibt, nie. Selbst wenn es mit der einen nicht klappt, macht sein Engagement andere Frauen auf ihn aufmerksam und erschließt ihm neue Möglichkeiten bei der Partnerwahl.

Die Sprengkraft, die in diesem unscheinbaren Satz steckt, ist enorm und den meisten Frauen nicht bewusst. Denken Sie bitte noch einmal genau nach:

Ich kann bei einem Mann keine Punkte sammeln.

Falls Sie immer noch nicht ahnen, welche weitreichenden Konsequenzen dieser Satz für Sie hat, will ich es Ihnen verraten. Da Sie bei einem Mann keine Punkte sammeln können, haben Sie als Frau nur eine einzige Chance, die Aufmerksamkeit eines Mannes und vielleicht sein Herz zu gewinnen: den ersten Augenblick. Erinnern Sie sich noch an die erste der *drei unangenehmen Wahrheiten über Männer und Beziehungen*?

Männer entscheiden binnen zwei Minuten, ob eine Frau die mögliche Mutter ihrer Kinder sein könnte oder ob die Frau nur etwas fürs Bett ist.

Ergänzend sollte ich noch sagen: Und nur mit Frauen, die als Mutter seiner Kinder infrage kommen, ist ein Mann bereit, eine Beziehung einzugehen.

Sie haben als Frau nicht mehr zwei Minuten, in denen sich entscheidet, ob Sie die Chance auf eine Beziehung mit einem Mann haben werden oder nicht. In diesen zwei Minuten können Sie eine Menge falsch, aber auch eine ganze Menge richtig machen.

Doch auf welcher Grundlage treffen Männer diese Entscheidung? Was macht eine Frau in den Augen eines Mannes zur potenziellen Mutter seiner Kinder? Und was nicht?

DAS KLEINE FRAUEN-ABC DER MÄNNER

Männer checken Frauen ständig ab. Ihr Frauenradar ist immer scharf geschaltet. Selbst wenn sie in einer Beziehung stecken.

Sie kennen den folgenden klassischen Streitauslöser bei Pärchen sicher auch: Er schaut einer attraktiven Frau zu lange hinterher. Sie ist sauer und stellt ihn zur Rede. Ein Klassiker.

Dabei ist die Eifersucht vollkommen fehl am Platz. Männer, die sich nicht mehr nach anderen Frauen umschauen, sind keine Männer mehr, sondern Haustiere. Sie werden übrigens in genau dieser Form von Ihrem Mann ebenfalls täglich begutachtet. Beziehungen sind ein Wettbewerb, dem Sie sich als Frau stellen müssen. Statt sich darüber aufzuregen, dass Ihr Mann anderen Frauen hinterherschaut, sollten Sie lieber sicherstellen, dass Ihr Mann nach einem Blick auf eine andere zufrieden denkt: »Lohnt sich nicht.«[19]

Wenn Männer Frauen abchecken, geschieht Folgendes: Unbewusst teilen Männer jede Frau in eine von drei Kategorien ein. A-Frau, B-Frau, C-Frau. In den A-Frauen sehen Männer die potenzielle Mutter ihrer Kinder und erheben sie in eine Art Madonnenstatus. Nur als A-Frau haben Sie die Chance auf eine Beziehung mit dem Mann. Mit den B-Frauen – B wie Bett – wollen Männer zwar Sex, aber keine Beziehung. Diese Frauen landen in der Schublade »Affäre«. Die dritten, die C-Frauen, kommen weder als Kindesmutter noch für eine Affäre infrage.

Sind Sie einmal in einer dieser Kategorien gelandet, bleiben Sie dort. Ein Upgrade in eine höhere Kategorie ist nicht möglich, denn:

Als Frau können Sie bei einem Mann keine Punkte sammeln.

---

19 Frauen verhalten sich übrigens ganz ähnlich. Es ist mitnichten so, dass Frauen in Beziehungen sich nicht mehr für andere Männer interessieren. Verheiratete Frauen, die nicht die Pille nehmen, gehen beispielsweise zur Zeit des Eisprungs häufiger tanzen als sonst und zeigen dann auch mehr Haut als andere Frauen. Sie sexualisieren sogar ihren Tanzstil und übertreffen mit ihrem Flirtfaktor so alle anderen Frauen. Auch die Frauen ohne Partner.

Das heißt: Einmal B-Frau, immer B-Frau.

Ihre Chance auf eine Beziehung mit diesem Mann: gleich null. In diesem Punkt in Sachen Partnerwahl ticken Frauen und Männer vollkommen anders. Egal, wie sehr Sie sich als Frau um einen Mann bemühen, egal, wie sehr Sie versuchen, ihm zu gefallen, es ihm recht zu machen oder sich ihm gar zu unterwerfen: Sieht ein Mann im berühmten ersten Augenblick in Ihnen nicht mehr als eine B-Frau, werden Sie für ihn eine B-Frau bleiben. Sie haben maximal die Chance auf eine Affäre. In der Kategorie C ist die Lage für Sie sogar vollkommen hoffnungslos.

Vergessen Sie daher bitte Ihr gutes Gefühl, das Sie bei dem gut aussehenden und interessanten Mann hatten, den Sie neulich in der Bar kennengelernt haben.[20] Wenn Sie keine Zeit mit dem nächsten falschen Mann verschwenden wollen, da er sowieso nicht mehr von Ihnen will als eine Bettgeschichte, müssen Sie schnellstmöglich herausfinden, ob Sie in seinen Augen eine A- oder B-Frau sind.

Dass Sie für einen Mann eine C-Frau sind, erkennen Sie leicht: Der Mann flirtet einfach nicht mit Ihnen. Kein bisschen. Der Mann wird Sie, egal wie sehr Sie seine Aufmerksamkeit provozieren, nicht beachten.

Sehr viel schwieriger ist es dagegen zu erkennen, ob ein Mann in Ihnen eine potenzielle Partnerin (A-Frau) sieht oder doch eben nur eine Bettgeschichte (B-Frau). Wer beim Stichwort Bettgeschichte nur an einen One-Night-Stand denkt, denkt zu kurz. Klar gibt es auch diese Fälle. Doch mit bestimm-

---

20 Und vertrauen Sie bitte auch nicht weiter auf die Kraft Ihrer Verführungskünste. Sie haben zwei Minuten, vielleicht ein paar Augenblicke mehr.

ten B-Frauen, den sogenannten Wohlfühlfrauen, sind Männer in der Lage, über Wochen und sogar Monate eine Art Beziehung aufrechtzuerhalten. Ist eine Frau in dieser Kategorie gelandet, hat sie es besonders schwer, den Mann zu durchschauen.

WOHLFÜHLFRAUEN – WIE MÄNNER SICH IN EINER »BEZIEHUNG« PARKEN

Meine Bekannte Sabine gehörte lange Zeit zu diesen Wohlfühlfrauen. Sie war der eher häusliche Typ. Klein und mit einem gemütlichen Körperbau. Ihre Sommersprossen verrieten ihr fröhliches Wesen. Vor drei Jahren hatte sie Claus kennengelernt. Der erste Schritt war von ihr ausgegangen. »Ich fühlte mich vollkommen zu ihm hingezogen.« Also tat Sabine alles, um ihren Claus zu verwöhnen. Sie war eine ausgezeichnete Köchin, dem eigenen Empfinden nach eine gute Liebhaberin und sie versuchte nicht zu klammern, sondern ihrem Freund Freiräume zu lassen. Sie dachte, wenn Claus von ihr bekommt, was er will, dann würde – über kurz oder lang – auch sie bekommen, was sie von ihm wollte. Mit anderen Worten: Sie versuchte, Punkte zu sammeln. Wie wir mittlerweile wissen, war das vergebene Liebesmüh.

Unterbewusst schien Sabine das zu spüren. Obwohl in ihrer Beziehung mit Claus scheinbar alles glattlief und sie bereits acht Monate zusammen waren, spürte sie ein Unbehagen. Als wir darüber sprachen, meinte sie zu mir: »Ich habe das Gefühl, dass es in meiner Beziehung zu Claus kein Weiterkommen gibt, dass wir auf der Stelle treten.« Und das, obwohl sie sehr viel Zeit miteinander verbrachten und sogar gemeinsam nach Italien in den Urlaub gefahren waren. Als ich ihr ein paar weitere Fragen stellte, etwa, ob sie über eine gemeinsame Wohnung gesprochen hatten oder wie Claus sich verhielt, wenn es um das Thema gemeinsame Zukunft ging, schilderte Sabine, dass Claus ihr in diesen Momenten stets sagen würde, wie sehr er die gemeinsame Zeit mit ihr genieße und dass er jedoch nichts überstürzen wolle, weil er Angst habe, ihre Beziehung, die sich in seinen Augen so gut entwickle, kaputt zu machen. Als ich das hörte, war mir klar: Sabine war eine Wohlfühlfrau. Claus hatte sich nur bei ihr geparkt, ohne die Absicht, sich jemals fest zu binden. Für ihn war das ein bequemes Arrangement. Er bekam gutes Essen, guten Sex, war versorgt und konnte in aller Ruhe weiter nach seiner A-Frau Ausschau halten. Als Sabine eingesehen hatte, dass es mit Claus keine Zukunft gab, beendete sie die Beziehung, nicht ohne von mir wissen zu wollen, wie sie in Zukunft herausfinden könne, ob sie für einen Mann eine A-Frau ist.

Nichts leichter als das: Seine wahren Absichten entdecken Sie am leichtesten im Bett. Höchste Zeit, dass wir nicht nur immer von der Liebe und Beziehungen, sondern endlich auch über Sex reden.

KAPITEL 5

SEX-MARKETING: WIE SIE (S)EINE A-FRAU WERDEN

BEZIEHUNG DURCH SEX?
DIE RICHTIGE KRAGENWEITE

Die gute Nachricht zuerst: DIE eine A-Frau gibt es nicht. Jede Frau kann eine A-Frau sein. Sie ist es aber eben nicht automatisch für jeden Mann.

Jeder Mann trifft diese Entscheidung über Sie individuell.

Während Sie bei dem einen Mann vielleicht leichtes Spiel haben und er von Anfang an versucht, Sie auf Händen zu tragen (A-Frau), lässt ein anderer Sie trotz aller Bemühungen ihrerseits links liegen und will nichts von Ihnen wissen (C-Frau). Merken Sie sich bitte:

Die Entscheidung über die Kategorie wird dabei von vielen Faktoren beeinflusst: von seinen Genen (den Punkt hatten wir schon), von seiner Persönlichkeit, von seiner Beziehungssituation oder aber von seinem gesellschaftlichen Status. So sehr uns allen die Liebesschnulze »Pretty Woman« ans Herz ging, in der Realität wird ein gut situierter Banker eine aufgedonnerte Sexbombe immer nur als B-Frau ansehen. Für eine öffentliche Beziehung, seine A-Frau, hält er nach einer eleganten, »normalen« Frau Ausschau, die seinem Status entspricht.

Verfallen Sie bitte niemals der Illusion, dass nur, weil ein Mann Sie sexuell begehrt, Sie auch eine Chance bei ihm haben. Hat ein Mann »Lust«, geht er bei Frauen gerne mal mehrere »Kragenweiten« nach unten, selbst wenn die Frau es bei seinem persönlichen Check auf vielleicht nur 60 Prozent gebracht hat und damit weit davon entfernt ist, eine A-Frau für ihn zu sein. Eine Frau würde dagegen nie mit einem Mann ins Bett gehen, der nicht dieselbe Kragenweite hat. Frauen wollen bei Männern immer 100 Prozent. Mindestens.

Leider glauben einige Frauen, dass sie jeden Mann, der mit ihnen im Bett war, auch für eine Beziehung bekommen können. Ein böser Trugschluss. Selbst wenn der Sex noch so fantastisch ist: Männer lassen sich durch Sex nicht in eine feste Beziehung locken oder dort halten. Männer ins Bett zu kriegen ist leicht. Sie dort zu behalten, ist jedoch eine schwierige Kunst.

Das Dirndl-Prinzip – Heilige und Hure in einer Person?

Auch wenn es DIE eine A-Frau nicht gibt, gibt es Merkmale, die jede A-Frau auszeichnen und die Ihnen als Frau einen kleinen Manipulationsspielraum eröffnen, die Wahl des Mannes zu beeinflussen. Diese Merkmale sind:

- Wertigkeit
- Weiblichkeit
- Fürsorge
- Sex-Aappeal

Die größte Rolle bei der Entscheidung eines Mannes über eine Frau spielt das Thema Wertigkeit. A-Frauen, die Madonnen, wirken in den Augen der Männer kostbar. Eine A-Frau ist ein Schatz. So wertvoll, dass ein Mann weiß, dass es auch andere Männer auf ihn abgesehen haben. Daher behütet er seinen Schatz und verteidigt ihn mit allen Mitteln. A-Frauen zeichnen sich meist durch Natürlichkeit und eine ausgeprägte Weiblichkeit aus. Sie funktionieren nach dem sogenannten Dirndl-Prinzip.

Nicht umsonst ist das Dirndl das Kleidungsstück mit der größten Verführungskraft. Warum? Das Dirndl betont die weibliche Figur extrem. Es ist einerseits sexy, transportiert aber gleichzeitig traditionelle und konservative Werte. Genau diese Mischung aus Sex-Appeal und Unschuld macht Männer verrückt. A-Frauen sind gut aussehend, sexy (aber nicht zu sehr) und nicht leicht zu haben.

Geht es nach den Männern, muss die Frau an ihrer Seite drei sehr unterschiedliche Rollen beherrschen. Die erste Rolle: die der Madonna. Das ist die Frau, die Männer beschützen und anbeten können. Sie ist die Mutter seiner Kinder. (Hier spiegeln sich Wertigkeit und Weiblichkeit) Die zweite Rolle: der Mutterersatz. Männer möchten umsorgt werden. Sie ahnen gar nicht, wie sehr Sie einen Mann an sich binden, indem Sie sorgfältig seine Krawatte zurechtziehen und ihm eine Falte aus dem Anzug streichen. Männer lieben solche Gesten. In dieser Rolle ist die Frau das Backoffice des Mannes, diejenige, die den Laden (die Familie) zusammenhält. (Hier spiegelt sich das Thema Fürsorge.) Die dritte Rolle ist die der Geliebten. Die Frau, mit der er Spaß im Bett hat. (Hier spiegelt sich das Merkmal Sex-Appeal.)

Das Problem: Die erste und die dritte Rolle stehen eigentlich im Konflikt zueinander. Hat ein Mann seine A-Frau gefunden, möchte er in den seltensten Fällen mit ihr »versauten« Sex, den er vielleicht in seinen geheimen Fantasien hat. Seine A-Frau ist eine Madonna. Die kann er schlecht vom Thron holen, um mit ihr seine geheimsten Fantasien auszuleben. Die allerwenigsten Männer schaffen es, den Konflikt »Heilige und Hure« zu lösen und beide Rollen im Kopf zusammenzubringen. Genau das ist Ihre Chance, in Erfahrung zu bringen, was Sie einem Mann wirklich bedeuten. Denn:

Direkt nach dem Sex sind Männer am ehrlichsten.

DER SEX-TEST – WIE SIE IM BETT HERAUSFINDEN, OB SIE FÜR EINEN MANN EINE A- ODER B-FRAU SIND

Dass Sie in den Augen eines Mannes eine A-Frau sind, erkennen Sie vor allem daran, dass der Mann Ihnen gegenüber nicht fordernd auftritt. Er versucht, Sie zwar mit aller Macht und allem ihm zur Verfügung stehenden Mitteln für sich zu gewinnen, behandelt Sie dabei aber mit Respekt und versucht, Sie nicht zu drängen.

Vor allem nicht zum Sex.

Natürlich gibt es Männer, die genau dieses Verhalten zum Teil ihrer Masche gemacht haben. Eine Frau sollte daher niemals glauben, dass ein Mann nur, weil er dreimal mit ihr ausgegangen ist, automatisch auf eine längere Beziehung aus ist. Ein paar Dates investiert ein Mann gerne und ohne Probleme in für ihn unverbindlichen Sex. Und wer weiß, ob Sie wirklich die einzige Frau sind, mit der er sich gerade trifft? Gemeinhin gelten Männer als nicht fähig zum Multitasking. Geht es um Frauen, sind sie es schon.

In diesem Zusammenhang werde ich von Frauen auch immer wieder nach der 3-Date-Regel befragt: Die Frage, wann eine Frau mit einem Mann schlafen »darf«, wird in jedem Date-Ratgeber ausführlich diskutiert. In der Regel wird den Frauen empfohlen, nicht vor dem dritten Date Sex zu haben. Erstens will Frau bei ihm ja nicht den Eindruck erwecken, ein leichtes Mädchen zu sein. Zweitens weiß sie sicher, das wenn er so lange wartet, es ihm wirklich ernst mir ihr ist. Was plausibel klingt und sich in den Köpfen vieler Frauen festgesetzt hat, ist grundsätzlich nicht verkehrt, aber leider so nicht ganz richtig. Es ist nämlich vollkommen egal, WANN Sie mit einem Mann ins Bett gehen. Wichtig ist allein, in WELCHER KATEGORIE der Mann Sie eingeordnet hat, bevor Sie beide miteinander schlafen:

A-Frau oder B-Frau? Beziehung oder Bettgeschichte?

Viele Männer investieren ohne Probleme Zeit und Geld in mehrere Dates, obwohl sie nur auf eine Affäre aus sind. Es ist Teil ihrer Masche. Mit Liebe hat das Warten nichts zu tun. Im Gegenteil: Meine Erfahrung ist eher, dass Liebe eine unheimliche Eigendynamik entwickelt. Wenn es zwischen zwei Menschen richtig funkt, geht alles Folgende – wie etwa der erste Sex – wahnsinnig schnell. Ein Mann, der es ernst meint, wird die Beziehung auch so schnell wie möglich öffentlich machen, um allen anderen Männern draußen das unmissverständliche Signal zu senden: »Finger weg! Das ist meine!« Daher warne ich Frauen auch immer vor Männern, die nach drei, vier Monaten noch unsicher sind, wie »ernst« die Beziehung ist, und lieber noch abwarten wollen, »wie sich die Beziehung entwickelt«. Dieses Verhalten ist ein klares Signal, dass Sie nicht seine A-Frau sind.

Mein Rat: Gehen Sie mit einem Mann ins Bett, wenn Sie Lust dazu haben, und achten Sie einfach auf sein Verhalten nach dem Sex. Die ersten zehn Minuten nach dem ersten Sex sind DER Indikator schlechthin für die Einstellung eines Mannes zu einer Frau. Zeigt er nach dem Sex Fluchtreflexe oder versucht er, sich irgendwie von Ihnen zu entfernen, können Sie davon ausgehen, dass er in Ihnen wohl doch eher nur eine B-Frau sieht. Kuschelt er bereitwillig und hält er die Frau fest, ist sie eine A-Frau. Auch die weitere Zeit nach dem Sex ist extrem aufschlussreich: Schraubt er in den kommenden Tagen und Wochen, also nachdem er von Ihnen gekriegt hat, was er wollte, seine Bemühungen um Sie deutlich herunter, waren Sie nur eine Bettgeschichte. Bemüht er sich auch nach dem ersten Sex weiterhin mit der gleichen Intensität wie zuvor um Sie, ist das ein Hinweis dafür, dass er in Ihnen eine A-Frau sieht.

Sollten Sie aus irgendeinem Grund unsicher sein und selbst nach einigen Wochen aus dem Verhalten Ihres Auserwählten nicht richtig schlau werden, gibt es auch noch einen ultimativen Test, um herauszufinden, welcher Typ Frau Sie für ihn sind. Der Test ist nicht ganz fair dem Mann gegenüber, dafür jedoch hochwirksam. Sagen Sie dem Mann einfach:

»Ich bin schwanger.«

Danach wissen Sie garantiert Bescheid.

Sind Sie eine B-Frau, erfolgt nach dem Schock die Flucht. Der Mann wird Ihnen eine Abtreibung nicht nur nahelegen, sondern darauf drängen, da er die Verantwortung für ein Kind auf keinen Fall übernehmen möchte. Sind Sie für den Mann dagegen eine A-Frau, wird er ob der Überrumpelung vielleicht nicht gerade in Jubel ausbrechen, aber er wird Ihnen zu keinem Zeitpunkt das Gefühl geben, dass Sie etwas Schlechtes getan haben, sondern versuchen, mit Ihnen eine gemeinsame Zukunft zu planen.

A-FRAU IST MAN NICHT FÜR IMMER – WARUM SIE ES AM ANFANG BEIM SEX NICHT ÜBERTREIBEN SOLLTEN

Wir hatten bereits festgestellt, dass für eine B- oder C-Frau ein Upgrade in die nächsthöhere Kategorie nicht möglich ist. Ein Downgrade dagegen schon. Dass sie für einen Mann eine A-Frau sind, heißt nicht, dass sie es für immer bleiben. Ihr Status als A-Frau steht – vor allem zu Beginn einer Romanze – ständig auf dem Spiel.

Gerade am Anfang einer sich anbahnenden Beziehung sollten Sie daher auf normalen, entspannten Sex setzen und ja nicht der Versuchung erliegen, ihn mit besonders raffinierten Techniken oder besonderem Einsatz zu überraschen. Dafür ist später immer noch genügend Zeit. Tun Sie es dennoch, wird er sich (und Sie) unweigerlich fragen, woher Sie Ihr Knowhow haben. So gut kann Ihre Ausrede allerdings nicht sein, um seine Zweifel an Ihnen zu zerstreuen.

HINWEISE FÜR SEXUELL SEHR AKTIVE FRAUEN

Gerade Frauen, die ihre Sexualität gerne und offen ausleben und viele verschiedene Dinge im Bett oder anderswo gern ausprobieren, tun sich oft schwer, den Mann fürs Leben zu finden. Ihnen helfen die folgenden Regeln weiter:

- Erzähle deinem Zukünftigen NIE, wie viele Männer du hattest (nicht mal unter Folter!).

- Sei am Anfang SEHR inaktiv und zeige auf keinen Fall gleich alles, was du im Bett kannst. (Männer werden in diesem Fall schnell stutzig und fragen sich, woher sie das alles kann.)

- Vermeide das Thema »speziellen Sex« in den ersten Monaten.

- Frauen, die auf BDSM stehen und sich auch einen BDSM-Partner wünschen, sollten wissen, dass diese Beziehungen nur in sehr seltenen Fällen den Alltag überstehen.

- Männer zeigen immer Interesse an »Geschichten« der Frau aus früheren Beziehungen. Sobald sie diese jedoch zu hören bekommen, hat Frau oft verloren. Bleiben Sie – vor allem, wenn es um Ihre Exmänner geht – geheimnisvoll.

Der Fall eines guten Freundes von mir illustriert ganz gut, worauf es bei dem Spiel »Heilige und Hure« ankommt. Er hatte sich in eine Stewardess verliebt, die es in der Vergangenheit richtig hatte krachen lassen. Jedoch war sie schlau genug, es ihm lange Zeit vorzuenthalten. In seinen Augen war sie eine ganz normale attraktive Frau. Später, als sie ihm ihre sexuell bewegte Vorgeschichte gestand, waren seine Gefühle und sein Bild, das er sich von seiner Frau gemacht hatte, bereits stark genug. In seinen Augen blieb sie eine normale attraktive Frau. Hätte er früher davon erfahren, hätte sich in seinem Kopf mit Sicherheit ein anderes Bild festgesetzt: das einer »Schlampe«, einer Frau, die leicht zu haben ist. Dieses Bild nachträglich zu korrigieren, ist für eine Frau fast unmöglich.

Damit wir uns nicht falsch verstehen: Als Frau können Sie es getrieben haben, wie Sie wollen. Wichtig ist nur, dass der Mann, mit dem Sie eine Beziehung und nicht nur eine Affäre wollen, nichts davon erfährt. Zumindest nicht zum falschen Zeitpunkt. Geschieht es dennoch, laufen Sie Gefahr, Ihre Wertigkeit aufs Spiel zu setzen. Und mit Ihrer Wertigkeit verlieren Sie auch Ihren Status als A-Frau.

Wenn Liebe einmal da ist, kriegt man das Gefühl kaum noch kaputt. Weil es das stärkste Gefühl überhaupt ist. Nur wenn die Liebe noch nicht gewachsen ist, kann man noch sehr viel kaputt machen. Ein Mann wünscht sich für eine Beziehung eine wertige Frau! Mit hohen Moralvorstellungen und einer gewissen Unberührtheit oder sogenannter Reinheit. Natürlich ist jedem Mann klar, dass er keine Jungfrau bekommt, aber er möchte zumindest die Vorstellung haben. Also, halten Sie sich – sofern Sie beim richtigen Mann gelandet sind – beim Sex erst einmal zurück und lassen Sie die Liebe wachsen.

DAS FRAUEN-ABC IN DER ÜBERSICHT

Wie Männer Frauen bewerten
(und entsprechend behandeln)

DIE A-FRAU: »DIE MADONNA«

Merkmale der Beziehung: Vollgas. Der Mann ist extrem umtriebig, was gemeinsame Freizeitaktivitäten angeht. Er möchte so viel Zeit wie möglich mit seiner A-Frau verbringen. Außerdem versucht er, die Beziehung so schnell wie möglich öffentlich zu machen. A-Frauen versteckt ein Mann weder vor seinen Freunden noch vor seiner Familie oder den Arbeitskollegen.

Verhalten des Mannes: Sehr respektvoll gegenüber der Frau, sehr aufmerksam. Der Mann unternimmt alles, um die Frau einzufangen und an sich zu binden, ohne sie zu bedrängen.

Sex: Steht erst mal nicht im Vordergrund und wird vom Mann auch nicht forciert. Im Gegenteil. Bei A-Frauen sind Männer in Sachen Sex eher zurückhaltend.

Zukunft: Wird schnell ein konkretes Thema und manifestiert sich zum Beispiel in einer gemeinsamen Wohnung oder Themen wie Verlobung und Kinderwunsch, die nicht nur angesprochen, sondern auch relativ zügig in die Tat umgesetzt werden.

DIE B-FRAU: DIE BETTGESCHICHTE

In diese Kategorie fallen alle Frauen, mit denen ein Mann zwar Sex haben will, jedoch keine feste Beziehung. Unter den B-Frauen gibt es die folgenden Typen:

Die B1-Frau: »Die Wohlfühlfrau«

Merkmale der Beziehung: Einer festen Beziehung sehr ähnlich. Der Mann und die Frau verbringen viel Zeit miteinander. Er bleibt zum Frühstück. Man fährt sogar zusammen in den Urlaub. Halböffentliche Beziehung. Freunde und Familie wissen zwar, dass es die Frau gibt, doch sie wird nicht aktiv in gemeinsame Aktivitäten eingebunden. Obwohl der Mann die gemeinsame Zeit mit der Frau genießt, macht er in Sachen Beziehung nie den Deckel drauf (zum Beispiel Heiratsantrag, gemeinsame Wohnung, Kinderwunsch).

Verhalten des Mannes: Respektvoll, aber dennoch mit Abstand. Keine völlige Hingabe.

Sex: Wichtig und gut.

Zukunft: Bei diesem Thema weicht er stets aus.

Die B2-Frau: »Die Temporäre«

Merkmale der Beziehung: Obwohl der Mann sich kurzfristig für die Frau begeistert und sie häufig trifft, macht er keine Schritte in Richtung einer Beziehung. Er bleibt nicht zum Frühstück. Man fährt nicht zusammen in den Urlaub. Er stellt sie nicht seinen Freunden oder seiner Familie vor. Kann nach langen Pausen immer mal wieder – durch Sex – aufgewärmt werden.

Verhalten des Mannes: Im Grunde benimmt sich der Mann wie ein Single in einer Fake-Beziehung.

Sex: Steht im Vordergrund. Meist gut.

Zukunft: Keine. Selbst wenn man nach wochen- oder monatelanger Pause wieder einmal im Bett landet.

Die B3-Frau: »Der verlängerte One-Night-Stand«

Merkmale der Beziehung: Auch wenn man sich ein paarmal trifft, vielleicht sogar zum Essen, handelt es sich um eine reine Sex-Geschichte.

Verhalten des Mannes: Wie eine Feuerwerksrakete. Macht anfangs lärmend auf sich aufmerksam. Strahlt kurz in den hellsten Farben und sorgt schließlich auch für das eine oder andere »Ah« und »Oh«. Verglüht dann schnell und hat nichts mehr zu bieten.

Sex: Steht hier absolut im Vordergrund. Der Mann drängt sehr auf Sex.

Zukunft: Keine, in der Regel ist die Beziehung nach zwei bis drei Treffen beendet.

Die B4-Frau: »Männer auf der Flucht«

Merkmale der Beziehung: Der klassische One-Night-Stand. Meist unter Alkohol. Meist mit Frauen, mit denen ein Mann sich unter »normalen« Umständen nicht einlassen würde.

Verhalten des Mannes: Unmittelbarer Fluchtreflex nach dem Sex. Sobald er gekommen ist, will er entweder nur noch weg oder aber die Frau loswerden.

Sex: Hier geht es meist nur um eine schnelle Nummer.

Zukunft: Keine.

DIE C-FRAU: DIE UNSICHTBARE

Merkmale der Beziehung: Eine Nichtbeziehung. C-Frauen werden von Männern gesehen wie die Arbeiterinnen bei den Bienen. Man braucht sie halt, um das große Ganze am Laufen zu halten. Aber seine Aufmerksamkeit schenkt Mann lieber der Königin im Bienenstock.

Verhalten des Mannes: In C-Frauen investieren Männer keine Sekunde mehr als nötig. Es gibt keinen Flirt, kein tiefes In-die-Augen-Schauen, keine Komplimente. Nichts. Es ist, als würde der Mann die Frau gar nicht wahrnehmen.

Sex: Ausgeschlossen.

Zukunft: Ausgeschlossen.

KAPITEL 6

DER BALZTANZ: WIE SIE IHN FÜR SICH GEWINNEN

DIE »SPIELCHEN« ZWISCHEN MANN UND FRAU

Ich weiß, dass viele Frauen die berühmten »Spielchen« zwischen Mann und Frau hassen. Wer spricht wen zuerst an? Was zieht man am besten zum Date an? Wer zahlt die Rechnung? Wer ruft wen zuerst zurück? Natürlich sollte eine Beziehung nicht auf Spielchen aufgebaut sein (schon gar nicht auf Machtspielchen). Doch ganz am Anfang, wenn es noch darum geht, sich gegenseitig kennen und lieben zu lernen, sich näherzukommen, geht es nicht ohne sie.

Sich in jemanden zu vergucken ist leicht. Das geschieht innerhalb von Minuten und wird vor allem durch unsere äußeren Attraktivitätsmerkmale bestimmt. Doch wie wird aus dem anfänglichen Interesse mehr? Wenn Männer eine attraktive Frau sehen, dann wissen sie bereits: »Die finde ich scharf. Die lade ich mindestens dreimal zum Essen ein.« Ob der Mann die Frau später einmal lieben wird, weiß er noch nicht.

Liebe entsteht nicht durch Verstandeshandlungen oder durch Überlegung. Wir entscheiden uns nicht, einen anderen Menschen zu lieben. Liebe entsteht durch Instinkt, Urverhalten und Trieb. Sich Verlieben ist ein gegenseitiges Umwerben. Man kokettiert, putzt sich heraus, gibt sich hin, macht sich wieder rar, simuliert Verlust, man gibt die Geheimnisvolle, man appelliert an Beschützerinstinkte oder kitzelt an der Eifersucht. Das ist wie beim Balztanz bei Tieren. Ob Sie es wollen oder nicht: Liebe wird durch das Drücken der richtigen Knöpfe erzeugt. Doch welche sind das?

Alles, was Männer brauchen, um sich zu verlieben ist: Eine Frau.[21]

Eine Frau? Mehr nicht?

Was harmlos klingt, erweist sich in der Dating-Praxis immer häufiger als schwere Hürde. So wie viele Frauen auf Partnersuche sich fragen, warum es da draußen nur noch Schlaffis und keine echten Männer mehr gibt, wundern sich die Männer, wohin eigentlich die ganzen Frauen verschwunden sind, denen es Spaß macht, eine Frau zu sein. Und warum wurden die sympathischen Frauen ausgerechnet durch diese Einzelkämpferinnen ersetzt, die aus Beziehungen einen ständigen Machtkampf machen?

Beziehungen sind ein Miteinander, kein Gegeneinander.

Für eine funktionierende Beziehung braucht es nicht mehr und nicht weniger als einen Mann und eine Frau, die füreinander sorgen und sich ihrer Rolle als Mann und Frau bewusst sind. Es geht dabei nicht darum, dass der Mann der große Bestimmer ist und die Frau sich in all seine weisen Entscheidun-

---

21   Oder wie wir mittlerweile wissen: eine A-Frau.

gen fügen muss. Sondern es geht darum, dass Mann und Frau sich so organisieren, dass beide Partner das Gefühl haben, sich in ihrer Geschlechterrolle nicht verstellen zu müssen.

Stellen Sie sich bitte ein Paar vor, das gemeinsam auf einem Waldweg wandert. Schließlich kommen die beiden an eine Weggabelung. Nach links führt ein roter Weg. Nach rechts ein grüner. Was Frau nun auf keinen Fall machen sollte, ist, eine Diskussion anzuzetteln, welchen dieser beiden Wege man geht. Dass muss der Mann entscheiden. Ist Frau jedoch clever, dann hat sie ihrem Mann vor oder auf der Wanderung erzählt, wie viel lieber sie grüne statt rote Wege mag. An der Weggabelung angekommen, wird der Mann sich daran erinnern und nicht zögern, auf dem grünen Weg weiterzugehen. Auf diese Weise bekommen beide, was sie wollen. Er fühlt sich in seiner Rolle als Anführer bestätigt. Sie fühlt, dass er sie als Person respektiert und ihre Wünsche wahrnimmt.

Bitte, liebe Frauen: Lasst eure Männer Männer sein!

Und seid selbst Frauen!

Sollten Sie zu den Frauen gehören, die der Spiele mit Männern überdrüssig sind, spielen Sie sie trotzdem. Eine Frau, die diese Spiele nicht mehr spielt, hat bei den Männern von vornherein verloren! Ich weiß, dass das manchmal anstrengend und ermüdend ist. Gerade für erfahrene Frauen, die diese Spielchen schon im Dutzend erlebt haben. Das Muster ist schließlich immer dasselbe. Dennoch helfen diese Rollenspiele gerade zu Beginn einer Beziehung, also während des Balztanzes, die Gefühle füreinander auf den Weg zu bringen.

Lassen Sie ihn den ersten Schritt machen.

Lassen Sie ihn nach dem Date zurückrufen.

Lassen Sie ihn die Rechnungen zahlen.

Machen Sie ihn eifersüchtig.

Seien Sie eine Frau, die sich von ihm beschützen lässt (selbst wenn Sie tough genug sind, auf sich selbst aufzupassen!).

Machen Sie ihm Hoffnungen, ohne sich hinzugeben.

Zeigen Sie ihm dann wieder die kalte Schulter.

Er muss das Gefühl haben, Sie eingefangen zu haben. Sein Werben um Sie darf ruhig etwas dauern und ihn ein wenig Anstrengung kosten. Wenn Sie zusammen sind, sollte die Zeit mit Ihnen für ihn der Himmel auf Erden sein. Lachen Sie, haben Sie Spaß, seien Sie auf keinen Fall zickig, gestresst oder genervt (auch nicht anderen Menschen gegenüber, wie etwa einem trotteligen Kellner im Restaurant.) Sobald Sie nicht mehr zusammen sind, lassen Sie ihn dann ruhig zappeln. Dann muss er eben zwei SMS-Nachrichten schreiben, bevor er eine Antwort von Ihnen bekommt. Dieses Wechselspiel namens »Du kannst mich haben/Du kriegst mich nicht« hilft Ihnen und ihm zu erkennen, was Sie einander wirklich bedeuten. Dahinter steckt ein uraltes Prinzip: Verlustangst. Sie hilft uns zu erkennen, was uns wirklich wichtig ist. Gerade am Anfang einer sich anbahnenden Beziehung müssen Sie dem Mann ständig das Gefühl geben, dass er Sie noch verlieren kann.

Keine Angst: Dieses Spiel dauert nicht ewig. Liebe ist nichts, was sich über Monate aufbaut. Im Gegenteil: Wenn der Mann Sie wirklich zu lieben beginnt, werden Sie das ganz schnell merken. Die Anziehung zwischen Ihnen und ihm wird immer größer. Wenn es nach dem dritten oder vierten Date nicht bereits richtig zwischen Ihnen scheppert, wird es das auch nicht nach dem 15. Date tun und Sie sollten den Mann vergessen.

LASS IHM EINEN PLATZ AN DEINER SEITE!

Als wir über Männer- und Frauensingles gesprochen hatten, haben wir festgehalten, dass Frauen sehr gut allein sein können. Für Männer kann das zu einem großen Problem werden. Frauen organisieren ihr Leben so gut, dass viele Männer sich fragen, wozu eine Frau sie überhaupt noch braucht. Meine Bekannte Sibylle war so ein Fall. Eines Tages konsultierte sie mich und sagte tief enttäuscht:

»Uli, dein Check funktioniert nicht!«

Sibylle war 36. Ihre biologische Uhr tickte. Sie arbeitete schon seit ein paar Jahren in einer Führungsposition im Marketing und verdiente sehr ordentlich. Sie war blond, hatte eine gute Figur, obwohl sie es mit Sport nicht so hatte. Gegen Ende des Studiums hatte sie einen Freund, von dem sie dachte, er wäre die große Liebe. Die Beziehung war nicht immer harmonisch, aber von starker Emotionalität geprägt, wie Sibylle es formulierte. Mit Anfang 30 trennten sich die beiden jedoch. Er war wegen des Jobs nach England gegangen und hatte sie vor die Wahl gestellt: mit nach England gehen oder Trennung. Auf eine Fernbeziehung wollte er sich von vorherein nicht einlassen. Sibylle fühlte sich damals vor den Kopf gestoßen. Sie selbst hatte beste Karriereaussichten, die sie ungern aufgeben wollte. Zumal sie durch seine radikalen Trennungsabsichten plötzlich nicht mehr sicher war, ob er es überhaupt wert war.

Zu dieser Zeit sprachen wir das erste Mal über den Männercheck, der nachträglich zeigte, dass es durchaus Gründe für die disharmonischen Momente in der Beziehung der beiden gegeben hatte. Sibylle willigte daher lieber in die Trennung ein. In der Folge arbeitete sie mit meinem Männercheck und wählte ihre Typen entsprechend aus. Mit denen war laut Check alles in Ordnung. Dennoch dauerte ihre längste Beziehung gerade mal neun Monate. Wenn es nicht an den Männern lag, musste es etwas bei Sibylle geben, das die Männer »in die Flucht« schlug. Wie sich herausstellte, hatte Sibylle die Zeit ihrer Singlejahre genutzt, um ihre Wohnung herauszuputzen (ihr Schlafzimmer war laut Eigenwerbung ein Traum in Weiß und Rosa) und sich zwei Katzen anzuschaffen, die ihr halfen, das Gefühl der Einsamkeit zu überwinden, das sie manchmal überkam. Bedingt durch ihren Job, war Sibylle zudem in ihrer Kommunikation mit Männern sehr direkt. In ihrem Kleiderschrank hatte sie außerdem mehr Businesskostüme als Kleider hängen. Ihre Selbstständigkeit setzte sich auch in ihrer Freizeit fort. Wenn Sibylle ein Wochenende mit ihrem neuen Schwarm plante, lief das wie folgt: »Ich möchte am Wochenende in die Berge fahren. Kommst du mit?« – »Ich habe neulich von diesem neuen italienischen Restaurant gelesen. Soll ich uns einen Tisch reservieren?« Ich erklärte Sibylle, dass das in den Augen eines Mannes keine Einladungen seien, sondern Überfälle, und machte ihr drei Vorschläge. Mit zweien konnte sie leben. Den dritten mochte sie zunächst überhaupt nicht:

1. Kein Businesslook mehr in der Freizeit.
2. Keine Orga von Freizeitaktivitäten mehr.
3. Die Katzen müssen aus der Wohnung.

Dass sie ihre Weiblichkeit ruhig mehr betonen könne und einen Mann besser in die Planung von gemeinsamen Aktivitäten einbeziehen müsse, sah Sibylle schnell ein. Doch was ihre Katzen mit ihrem Erfolg bei Männern zu tun hätten, verstand sie nicht. Ich erklärte Sibylle, dass sie in den Augen der Männer eine sogenannte Katzenfrau sei. Katzenfrauen sind Frauen, die ihr Singledasein so perfekt organisiert haben, dass es sogar für tägliche Zärtlichkeiten wie Streicheln und Kuscheln eine Ersatzlösung gibt. Natürlich fehlt auch diesen Frauen noch immer ein »echter« Mann. Nur spüren Männer das nicht, wenn sie einer Katzenfrau begegnen. Das Leben von Katzenfrauen wirkt nach außen perfekt. Da ist keine Lücke, die ein Mann auffüllen könnte und müsste. Manche Männer sind sogar eifersüchtig auf die Tiere. Bei Hunden – auch auf die reagieren die meisten Männer bei Frauen allergisch – kann es schlicht sein, dass der Mann sich ekelt zu sehen, wie der Hund Ihnen Hand oder Gesicht abschleckt. Anfassen und Küssen sind für ihn nur noch »igitt«.

Wenn Sie das Katzenfrauen-Phänomen einmal selbst testen wollen, melden Sie sich bitte einfach bei einem Dating-Portal an und schalten Sie zwei inhaltlich identische Profile frei. Auf dem einen sind Sie im Bild mit einer Katze oder einem Hund auf dem Arm und fest an das Tier geschmiegt zu sehen. Auf dem anderen mit einem Bild, das Sie allein zeigt.

Auf das Bild mit Katze oder Hund wird sich kein Mann melden.[22]

Probieren Sie es aus. Zeigen Frauen sich in Onlineportalen mit Tieren, geht die Zahl der Kontaktanfragen in den Keller.[23]

Frauen müssen für einen Mann Platz in ihrem Leben schaffen. Sie müssen ihm einen Platz zuweisen, an dem der Mann sich wohlfühlt, an dem er Anerkennung als Mann erfährt und

---

22 Und wenn doch, dann wirklich nur einer von den ganz Verzweifelten.

23 Dasselbe Spiel funktioniert auch mit Kindern, ist aber ein anderes Thema.

das Gefühl hat, gebraucht zu werden. Frauen, die zu selbstständig sind und das gegenüber Männern ständig heraushängen lassen, brauchen sich über die ausbleibende Zuwendung oder das ausbleibende Interesse der Männer nicht zu wundern.

- Ein Glück, dass du da bist.
- Was hätte ich nur ohne dich gemacht?

Sie ahnen gar nicht, welche Wirkung diese beiden Sätze auf Männer haben. Der Beschützerinstinkt ist bei Männern der am stärksten ausgeprägte. Gelingt Frau es, diesen zu wecken, ist es bis zur Liebe nicht mehr weit. Ich weiß, auch das gehört zu den »Spielchen« zwischen Mann und Frau, die sie so sehr hasst. Aber: Männer wollen bewundert und gebraucht werden. Bekommt ein Mann das Gefühl, nur noch sexueller Bespaßer, Entertainer oder Freizeitbegleiter in einer Beziehung zu sein, wird er sich recht bald aus dieser Beziehung wieder zurückziehen. Genau darin liegt die Gefahr von zu viel oder »falscher« Emanzipation.

Sibylle ließ sich auf meinen Vorschlag mit den Katzen dann doch ein. Die beiden kamen bei einer Freundin unter. Nachdem sie ein halbes Jahr mit Thomas zusammen war und die beiden bereits über eine gemeinsame Wohnung nachdachten, sagte sie ihm, dass sie Katzen sehr gerne möge und ob er in einer gemeinsamen Wohnung etwas gegen Katzen als Haustiere hätte. Hatte Thomas natürlich nicht. Er hatte schließlich längst seinen Platz an der Seite von Sibylle gefunden und empfand die Tiere nicht mehr als Konkurrenz.

DIE »ANGST« DER MÄNNER VOR KARRIEREFRAUEN

Auf dem Singlemarkt gibt es zwei Personengruppen, die besonders schwer zu vermitteln sind: Karrierefrauen und männliche Hartz-IV-Empfänger. Mich verwundert das nicht. Sowohl bei den Karrierefrauen als auch bei männlichen Hartz-IV-Empfängern handelt es sich um einen Personenkreis, der ganz bestimmte weibliche oder männliche Attribute nicht leben kann oder will. Bei den starken Karrierefrauen sucht Mann oft vergebens nach der fürsorglichen Mutter seiner Kinder. Die männlichen Hartz-IV-Empfänger können dagegen die Rolle des Versorgers und Beschützers nicht besetzen.

Hand aufs Herz! Könnten Sie sich vorstellen, mit einem Hartz-IV-Empfänger zusammen zu sein? Stellen Sie sich vor, Sie lernen einen gut aussehenden, sympathischen Mann kennen und erfahren nach dem vierten Date, dass er arbeitslos ist. Und zwar nicht erst seit gestern. Er macht auch kein Sabbatical, in dem er seine tolle Abfindung aus dem letzten Job verprasst, sondern er ist arbeitslos, weil er einfach keinen Job findet. Würde es mit diesem Mann ein fünftes Date geben?

Die meisten Frauen, mit denen ich darüber gesprochen habe, sind ehrlich genug zuzugeben, dass sie das nicht könnten. Und wissen Sie was? Ich als Mann kann Ihnen das nicht verübeln. Ich finde diese Einstellung von Frauen kein bisschen komisch, schon gar nicht ungerecht oder oberflächlich, sondern vollkommen natürlich und normal. Als Frau müssen Sie so denken und empfinden. Gesellschaftlicher Status ist noch immer eines der wichtigsten Kriterien bei der Partnerwahl.

Karrierefrauen haben es doppelt schwer, den richtigen Mann fürs Leben zu finden. Daran sind sie zum Teil selbst schuld. Aber es liegt auch an den Männern. Wie alle anderen Frauen wollen auch Karrierefrauen einen Mann, der mit ihnen auf Augenhöhe ist oder zu dem sie sogar aufschauen können. Da wird die Luft für intelligente erfolgreiche Frauen natürlich dünn. Die Auswahl an solchen Männern ist verschwindend gering.[24] Hinzu kommt jedoch noch, dass erfolgreiche, gut aussehende Männer (meistens) nicht wirklich ein Interesse an einer ebenbürtigen Karrierefrau haben. Sie suchen sich lieber eine Frau, die nicht so sehr auf Karriere aus ist.

Bitte gehen Sie einmal in sich und überlegen, wie viele Männer Sie kennen, bei denen Sie sich schon gedacht haben: »Warum in Gottes Namen ist der mit so einer überhaupt zusammen? Der hätte doch eine viel bessere Frau kriegen können!«

Der Grund ist einfach: Für einen Mann bedeutet eine »normale« Frau weniger Beziehungsstress. Männer sind nicht dumm. Sie wissen genau: Eine Karrierefrau kann sich nicht zu 100 Prozent um die Kinder oder die Organisation des Haushaltes kümmern. In so einer Beziehungskonstellation müssten die Männer also selbst mit ran, worunter ihre eigene Karriere leiden wird. Außerdem bedeutet eine attraktive, erfolgreiche Frau auch immer, dass ein Mann ständig dranbleiben und aufpassen muss, ihren hohen Ansprüchen gerecht zu werden. Dieses Mehr an Beziehungsarbeit stemmen die wenigstens Männer. Sie suchen sich lieber eine Frau, die sie leicht handhaben können, die ihnen den Rücken freihält und die Haus und Kinder versorgt.

---

24 Also zumindest die Auswahl an Männern, die tatsächlich dieselbe Kragenweite wie eine erfolgreiche, gut aussehende Karrierefrau haben und nicht nur über das typische männliche Ego mit großer Klappe verfügen.

Starke, erfolgreiche Frauen haben jedoch noch ein anderes Problem: Männer hassen nichts mehr, als wenn sie mit Frau »in den Ring steigen« müssen. Männer mögen es nicht, mit Frauen zu diskutieren. Eine Diskussion ist ein Kampf mit Worten. Und Männer, jedenfalls die guten, wollen nicht gegen Frauen kämpfen. Unter keinen Umständen. Das ist der wahre Grund für die oft zitierte »Angst« der Männer vor starken Frauen. Natürlich ist das totaler Blödsinn, aber das steckt nun mal in uns Männern so drin.

Starke Frauen haben ihren eigenen Kopf, ihre eigenen Ideen. Das ist gut so. Doch gerade Karrierefrauen neigen leider immer wieder dazu, dass sie im Privatleben genauso »männlich« agieren wie im Geschäftsleben. Für den Mann bedeutet das Stress, den er sich zu Hause lieber erspart und folglich die Finger von den klassischen Karrierefrauen lässt.

Wenn Sie zu dem Typ »erfolgreiche Karrierefrau« gehören, müssen Sie lernen, sich in Ihren Beziehungen gegenüber Männern zurückzunehmen und Ihre Ziele und Vorstellungen eher subtil durchzusetzen.

KAPITEL 7

NO-GOS UND FLIRTKILLER: DIE WICHTIGSTEN DATING-REGELN

BIN ICH SCHÖN?

Meine häufigsten (und erfolgreichsten) Ratschläge an Frauen, die sich mit der Männersuche schwertun, lauten:

- Setz die Pille ab.
- Nimm ab und treib Sport.[25]
- Lache und hab Spaß.
- Erlebe Abenteuer.
- Date so viele Männer wie möglich.
- Lass dir die Haare lang wachsen.

---

25 Oder besser gesagt: Treib Sport. Damit bringt man den Körper nämlich automatisch in Form (inklusive dem Verlust überflüssiger Kilos), bekommt eine gesündere Haut und man hat insgesamt eine frischere, positivere Ausstrahlung.

- Trag Röcke und Kleider.
- Und benutze um Himmels willen einen anderen Lippenstift!

Doch was steckt hinter diesen Ratschlägen? Ganz einfach: Jede Beziehung beginnt mit einem Blick auf den anderen. Das, was wir in diesem berühmten ersten Augenblick sehen, beeinflusst zu 50 Prozent, ob Liebe zwischen zwei Menschen wachsen kann oder nicht.

Körperliche Attraktivität ist genau wie die Liebe bereits genauestens von Wissenschaftlern vermessen worden. Dabei wurden auch die äußerlichen Merkmale ermittelt, die am wichtigsten sind, um von anderen Personen als attraktiv wahrgenommen zu werden. Diese Merkmale sind:

- die Symmetrie des Gesichtes
- die Körpersymmetrie
- die Zähne
- der Zustand von Haut und Haar
- die Art, wie wir uns bewegen
- unsere Stimme

Dabei greifen die folgenden Regeln: Symmetrische Gesichter und Körper werden gegenüber markanten, unsymmetrischen Formen als schöner wahrgenommen. Jugendlichkeit ist ein klassisches Fruchtbarkeitsmerkmal. Eine reine Haut und lange (!) glänzende Haare signalisieren nach draußen: Ich bin gesund. Gleiches gilt für die Körperhaltung. Sie ahnen gar nicht, wie viel mehr männliche Aufmerksamkeit Sie als Frau erfahren, wenn Sie nur Ihren Rücken aufrichten und die Schultern nach hinten durchdrücken. Sogar Depressionen lassen sich unbewusst an der Körperhaltung ablesen. Der Körper ist tatsächlich ein Spiegel unserer Seele. Unsere Stimmlage verrät ebenfalls eine Menge über uns. Frauen sprechen an fruchtbaren Tagen mit einer höheren Stimme. Männer punkten mit einer tieferen Stimme. Frauen können sich Dinge, die Ihnen von einer tiefen Männerstimme erzählt werden, sogar besser merken.

Doch bevor Sie nervös werden und vielleicht wie so oft im Spiegel selbstkritisch nach optischen Mängeln fahnden, möchte ich Sie beruhigen:

Sie sind attraktiv genug.

Vorausgesetzt, Sie leben einigermaßen gesund und lassen die Natur mal machen. Die greift nämlich jeder Frau auf Männersuche gekonnt unter die Arme. Wie? Indem sie jede Frau mit einem Schönheitsmittel ausgestattet hat, das wirkungsvoller ist als jede Anti-Aging-Creme: ihre Fruchtbarkeit.

DIE PILLE ALS FLIRTKILLER

Wie überall bestimmen auch auf dem Beziehungsmarkt Angebot und Nachfrage den Wert einer Ware, die in diesem Fall Sie sind. Dass schöne Menschen sich bei der Partnerwahl leichter tun oder im Job mehr Geld verdienen als gleichqualifizierte, aber nicht so attraktiv aussehende Menschen, ist hinlänglich bekannt. Doch nur, weil man es als Frau optisch nicht mit Scarlett Johansson oder Gisele Bündchen aufnehmen kann, heißt das noch lange nicht, dass man für Männer nicht schön genug ist.

Wenn Frauen jedoch eines richtig gut können, dann ist das, mit ihrem Äußeren zu hadern. Leider. Das müssen Sie nicht. Entspannen Sie sich. Sie sind schön. Natürlich nicht für jeden

Mann. Aber für die Männer, deren genetisches Gegenstück Sie sind, schon. Schönheit liegt im wahrsten Sinne des Wortes immer auch ein Stück weit im Auge des Betrachters. Also beklagen Sie sich nicht und arbeiten Sie mit dem, was Sie haben.

Ihre stärkste Waffe ist dabei Ihre Weiblichkeit oder besser gesagt Ihre Fruchtbarkeit.

Das Erste, was Sie machen sollten, wenn Sie auf Männersuche sind:

Setzen Sie die Pille ab!

Die Pille ist einer der Flirtkiller schlechthin.

Frauen, die die Pille nehmen, sind dauerschwanger. Zumindest wird es ihrem Körper simuliert. Und so verhält sich dieser auch und schüttet hormonelle Signale aus, die von Männern wahrgenommen werden können. Männer riechen die falsche Schwangerschaft und verlieren damit jegliches Interesse an einer Frau. Ist Nachwuchs schon unterwegs, ist für sie bei einer Frau nichts mehr zu holen.

OHNE PILLE MEHR GELD!

Wie sehr die Pille die Wahrnehmung von Männern beeinflusst, zeigt eine Studie aus dem Jahr 2007, die seitdem zum Gemeingut einer jeden unnützen Wissenssammlung gehört. Die Studie ergab: Lapdancerinnen, die keine Pille nahmen, wurden deutlich häufiger von Männern gebucht als Kolleginnen, welche hormonell verhüteten. Tänzerinnen, die keine Pille nahmen, galten bei den Männern als deutlich attraktiver. Ihr Lohn: Ein Einnahmeplus von 150 Prozent gegenüber den Kolleginnen, die die Pille nahmen. Ähnliches fand man später auch bei Kellnerinnen heraus, allerdings nicht in der gleichen finanziellen Größenordnung.

Warum das so ist, weiß man mittlerweile auch. Es liegt an den sogenannten Kopulinen. Kopuline sind hochwirksame Sexuallockstoffe. Riechen Männer Kopuline, erhöht sich ihr Testosteronlevel auf mehr als das Doppelte und damit ihre Lust auf Frauen. Sie werden scharf. Und zwar ganz unabhängig davon, ob die Kopuline von einer hübschen oder als weniger hübsch angesehenen Frau stammen. Doch es wird noch besser. Stehen Männer unter dem Einfluss weiblicher Kopuline, nehmen sie Frauen generell als attraktiver wahr. Dabei gewinnen Frauen, die zuvor als weniger hübsch angesehen wurden, deutlich mehr an Attraktivität hinzu als Frauen, die bereits zuvor optisch bei den Männern punkten konnten. Plötzlich wirken die Gesichter und der Körperbau aller Frauen für Männer symmetrischer. Besonders viele Kopuline produzieren Frauen – natürlich – an den Tagen des Eisprungs.

Fruchtbarkeit ist tatsächlich das beste Schönheitsmittel der Welt.

HALTUNG, BITTE!

Die meisten äußerlichen Attraktivitätsmerkmale können Sie nur schwer beeinflussen, einige wenige dagegen schon. Wie attraktiv wir sind, drückt sich ja nicht nur in unserer möglichst symmetrischen Körper- und Gesichtsform aus, sondern auch durch unseren Gesundheits- und Fitnesszustand, der sich beispielsweise in unserem Haut- und Haarbild niederschlägt. Durch Sport und eine gesunde Lebensweise – hier kommt es natürlich vor allem auf die Ernährung an – haben Sie im Beziehungspoker deutlich bessere Karten auf der Hand. Doppeltes Glück: Sportvereine sind ideale Flirtlocations.

Auch an Ihrer Körperhaltung können Sie arbeiten. Gehen Sie doch bitte einmal kurz zum Spiegel, richten Sie sich ganz auf und ziehen Sie die Schultern zurück (ein Rat, den Ihnen wahrscheinlich schon Ihre Oma gegeben hat!). Merken Sie den Unterschied? In dieser Haltung wird Ihr Busen nicht nur angehoben und betont, sondern er wirkt auch straffer. Mit nach vorne gebeugten Schultern und hängendem Kopf sehen selbst schlanke Frauen aus, als hätten sie ein Doppelkinn sowie einen hängenden Busen. Probieren Sie es ruhig mal aus! Stehen oder sitzen Sie im Hohlkreuz, wird Ihr Bauch automatisch nach vorne geschoben. Sie sehen so dicker aus, als Sie sind.

Überprüfen Sie außerdem Ihren Gang. Vermeiden Sie schwere, ungelenke Schritte. Schlechte, schwerfällige Bewegungen wirken auf Männer abstoßend. Interessanterweise finden Männer bei Frauen den klassischen Catwalk besonders attraktiv, wenn Frau ihre Füße in kurzen Schritten voreinandersetzt. Die meisten Frauen empfinden diese Art zu gehen allerdings als verkrampft und vermeiden sie. Nur: Wem wollen Sie gefallen? Sich selbst oder den Männern?

EIN LACHEN FÜR DIE LIEBE

Nirgendwo sonst geht man das Thema Liebe praktischer an als beim Speeddating. Männlein auf der einen Seite, Weiblein auf der anderen Seite. Ein paar Minuten Zeit, sich miteinander zu unterhalten. Dann kommt der nächste Kandidat an die Reihe. Finden beide, Frau und Mann, Gefallen aneinander, lässt der Veranstalter einem hinterher den Kontakt zukommen. Fehlt das Interesse auf einer der beiden Seiten, passiert nix. Effizienter als beim Speeddating lässt sich die Partnersuche nicht strukturieren. Als das Speeddating Ende der Neunzigerjahre in Mode kam, stürzten sich sogleich Beziehungsforscher auf die besondere Form der Partnersuche, die ja quasi unter Laborbedingungen daherkommt, und förderten ein paar interessante Erkenntnisse zutage:

Je mehr Mann und Frau im Gespräch lachten, je positiver die Kommunikation zwischen Mann und Frau war, beispielsweise durch ein bestätigendes Nicken, desto eher fanden sich beide sympathisch.

Die Art und Weise, wie wir uns gegenüber anderen Menschen verhalten, bestimmt sehr viel mehr als unsere Persönlichkeit, wie wir von anderen Menschen bewertet werden. Sie müssen also gar nicht in erster Linie den tollen Job, das topmodische Outfit oder die perfekte angesagte Frisur haben, um Ihrem Gegenüber zu gefallen, sondern offen sein, Interesse zeigen, zuhören und Ihrem Gegenüber ein Gefühl des Vertrauens geben. Auch das mit dem Vertrauen ist so ein Millionen Jahre alter Urinstinkt. Gewinnen wir nicht innerhalb von Sekunden das Gefühl, einer anderen Person vertrauen zu können, nehmen wir diese Peron als Gefahr für uns wahr. Sofort werden unsere Flucht- und Verteidigungsreflexe aktiviert. Einen potenziellen Partner lernt man so nicht kennen.

Wenn Sie ausgehen, lassen Sie Ihre Sorgen und Ängste zu Hause! Lachen Sie! Haben Sie Spaß! Genießen Sie den Moment! Bitte hören Sie unbedingt auf zu glauben, dass Sie nicht schön oder gut genug für einen Mann wären. Männer reagieren sofort auf eine gesunde, offene und positive Ausstrahlung und werden Sie umschwirren wie Motten das Licht. Niemand möchte mit einem Trübsal blasenden Miesepeter zusammen sein. Sie nicht. Die Männer da draußen aber auch nicht.

KOMMUNIKATION – DER SCHLÜSSEL ZUM BEZIEHUNGSGLÜCK

Auch wenn wir den Mann Ihrer Träume gerade mal an der Angel, aber noch lange nicht angelandet haben, möchte ich an dieser Stelle kurz in die Zukunft schauen, um Ihnen zu verdeutlichen, warum der Punkt Positive Kommunikation nicht nur beim Dating essenziell ist. Ob Beziehungen halten oder nicht, wird von verschiedenen Faktoren beeinflusst: der Streitkultur, dem Sex, den gemeinsamen Aktivitäten, den Freiräumen, die jeder in der Beziehung genießt, oder aber der Persönlichkeit der beiden Partner. Während aber die Persönlichkeit gerade mal sechs Prozent und der Sex zehn Prozent zur sogenannten Beziehungszufriedenheit beitragen, ist die Kommunikation der Partner untereinander zu 25 Prozent fürs Beziehungsglück verantwortlich. Mit anderen Worten: Die Art, wie Partner miteinander umgehen, das Miteinanderreden, ist in einer Beziehung mehr als doppelt so wichtig als der Sex.

GEFÄHRLICHE LIEBSCHAFTEN

Zu einer guten Methode, der Liebe auf die Sprünge zu helfen, gehört es, mit ihm gemeinsam Abenteuer zu erleben. Unglaublich, aber wahr: Das Romantik-Date in einem edlen Restaurant erzeugt nicht einmal annähernd dasselbe Gefühl von Verbundenheit wie eine knifflige Kletter- oder Raftingtour, die Mann und Frau miteinander meistern. Gemeinsam erlebte und überstandene Abenteuer schweißen zusammen. Warum das so ist, konnte noch nicht restlos aufgeklärt werden. Doch Wissenschaftler gehen davon aus, dass das bei Gefahr ausgeschüttete Adrenalin das Verliebtsein weiter verstärkt. Wir erinnern uns, dass das Aktivitäts- beziehungsweise Aggressionshormon beim Sich-Verlieben eine wichtige Rolle spielt. Hinzu kommt, dass gemeinsam durchlebte Extremsituationen einen Vorgeschmack auf das Verhalten des anderen in Krisen bieten. Die Bestätigung, dass man in schwierigen Zeiten gut miteinander harmoniert, beflügelt den Beziehungswunsch bei Mann und Frau zusätzlich. Also, stürzen Sie sich in gemeinsame Aktivitäten. Unternehmen Sie möglichst Dinge, die Ihnen sonst vielleicht Angst einjagen. Einen Bungee- oder Fallschirmsprung. Schauen Sie einfach mal den Katalog verschiedener Erlebnisanbieter durch und Sie werden mit Sicherheit fündig.

SAG IHM, DASS ALLE DICH WOLLEN, ABER KEINER DICH KRIEGT

Frauen neigen in der Regel dazu, einen Mann nach dem anderen abzuarbeiten. Männer daten auch fünf Frauen gleichzeitig. Machen Sie es bitte genauso.

»Ja, ich kann mich aber immer nur auf einen konzentrieren.«
Warum? Je mehr Männer Sie daten, desto größer ist die Wahrscheinlichkeit, dass der »Richtige« dabei ist. Nicht nur

mathematisch erhöhen möglichst viele Dates die Wahrscheinlichkeit, einen passenden Partner zu finden.

Dass Sie mehrere Männer gleichzeitig daten, sollten Sie den Männern allerdings nicht auf die Nase binden. Die lassen Sie lediglich wissen, dass Sie von vielen Männern begehrt werden, die Sie aber alle nicht interessieren, weil sie Ihnen zu langweilig seien. So machen Sie sich in seinen Augen wertvoll und stacheln seine Lust, Sie für sich zu gewinnen, doppelt an. Das Prinzip dahinter ist simpel:

Stellen Sie sich vor, Sie gehen auf einen Wochenmarkt. Auf dem Markt gibt es unter anderem zwei Obststände. Vor dem einen tummeln sich die Käufer. Es wird gelacht, Bestellungen werden aufgenommen, Tüten herumgereicht. Am anderen Obststand herrscht gähnende Leere. Zu welchem der beiden Stände fühlen Sie sich hingezogen? Wo, glauben Sie, gibt es das bessere Obst zu kaufen?[26]

Am Stand mit den vielen Leuten.

Der Beziehungsmarkt funktioniert genauso. Wer viel Aufmerksamkeit erhält, der ist begehrt. Wer begehrt ist, muss etwas haben, wodurch das Interesse an ihm gerechtfertigt ist. Das steigert die Neugierde, sich selbst davon zu überzeugen, was das denn genau ist. Das Prinzip funktioniert bei Männern übrigens ebenso. Wird ein Mann in einer Bar von einer Frau angelächelt, erhöht sich das Interesse der umstehenden Frauen in der Bar an diesem Mann sofort. Erfährt ein Mann, der sich in Sie verliebt hat, dass Sie auch von anderen Männern umschwärmt

---

26 Gerissene Standbesitzer machen sich das Prinzip oft zunutze, indem sie Fake-Käufer engagieren. Sobald zwei, drei Leute an ihrem Stand zugegriffen haben, beginnen auch die umstehenden Leute, die zuvor nur den marktschreierischen Parolen zugehört haben, sich um die Produkte zu reißen.

werden, wird er noch mal ein bisschen mehr Gas geben, Sie für sich zu gewinnen. Vorausgesetzt, Sie signalisieren ihm, dass Sie sich bisher noch nicht für einen dieser Männer entschieden haben beziehungsweise dass Sie eben nicht leicht zu haben seien.[27] Sie werden staunen, wie sehr ihn das anspornt.

MEIN SCHATZ – WIE FRAUEN IHRE WERTIGKEIT BETONEN KÖNNEN

Wie wir bereits gelernt haben, können Sie einen Mann nur dann in eine Beziehung locken, wenn Sie seine A-Frau sind. Das wichtigste Merkmal von A-Frauen ist ihre Wertigkeit. Nur, wenn Sie von einem Mann in den ersten Minuten als attraktiv UND wertig wahrgenommen werden, entwickelt er Interesse an Ihnen. Diesen ersten Eindruck können Sie nicht korrigieren. Grundvoraussetzung ist eine gesunde, natürliche Ausstrahlung. Sie signalisiert, dass Sie fähig sind, einem Mann gesunde Kinder zu schenken. Gelingt es Ihnen, diese Ausstrahlung mit wertigen A-Frauen-Elementen zu untermalen, haben Sie eine Chance bei ihm. Entdeckt er in Ihnen jedoch keines der klassischen Fruchtbarkeitsmerkmale oder sieht er ein No-Go, das ihn an Ihrer Wertigkeit zweifeln lässt, haben Sie den Mann für immer verloren. Die Wertigkeit einer Frau drückt sich nicht nur in der Häufigkeit aus, in der sie auf dem Beziehungsmarkt nachgefragt wird, sondern auch in ihrer selbstbestimmten Erscheinung.

---

27 Die oberste Regel in der Kommunikation mit Ihren Dates: Bitte immer schön keusch bleiben. Von vielen Männern begehrt zu werden heißt nicht, mit vielen Männern rumzumachen. Eine solche Botschaft würde mehr Schaden anrichten als Ihnen nutzen.

Immer wieder stellen Frauen auf Partnersuche die Anbandel-Ampel bei Männern auf Rot, indem sie einfache, vermeidbare Fehler begehen. Diese typischen Fehler sind:

Kurze Haare

Kurze Haare werden von vielleicht fünf Prozent aller Männer als attraktiv empfunden. Der große Rest fühlt sich von Kurzhaarfrisuren abgestoßen. Schneidet sich eine Frau die Haare ab, ist das für Männer so ähnlich, als würde sie sich die Brust amputieren. Kurze Haare bedeuten »krankes« Fell. Die meisten Frauen sehen mit kurzen Haaren nicht mehr gesund, nicht mehr weiblich aus, sondern gleichen einer Hyäne in der afrikanischen Savanne. Kein Wunder, dass Männer kein Interesse an ihnen zeigen, erhalten sie durch die kurzen Haare der Frau doch die Botschaft, dass gesunder Nachwuchs hier nicht zu holen ist.

Zu viel Make-up

Es klingt hart, aber:

Der falsche Lippenstift kann Sie Ihr Liebesglück kosten.

Übermäßige unnatürliche Schminke, knallrote Lippen oder bunt gefärbte Haare, die nicht natürlich und normal aussehen, erzeugen durchaus Aufmerksamkeit. Allerdings positive wie negative. Der positive Effekt eines knalligen Make-ups: Es werden sich garantiert mehr Männer als sonst nach Ihnen umdrehen. Es werden garantiert sogar mehr Männer mit Ihnen flirten. Der negative Effekt: Die Männer flirten nicht mehr in der Absicht mit Ihnen, eine Beziehung mit Ihnen einzugehen, sondern nur, um Sie ins Bett zu kriegen. Diese Männer denken:

»Eine Frau, die durch ein derart auffälliges Make-up auf sich aufmerksam machen muss, hat es nötig. Die kriegt sonst keinen ab. Von einer, die keinen abkriegt, lässt Mann jedoch lieber die Finger. Es wird schon seinen Grund haben, warum die keiner will. Besonders wertvoll kann so eine Frau nicht sein.« Bitte lassen Sie daher die Finger von signalfarbenen Lippenstiften, solange Sie auf Männersuche sind.

Zu viel Sex-Appeal

Das gleiche Prinzip wie beim Make-up greift auch bei der Kleidung. Ein Zuviel an Mode untergräbt ebenfalls Ihre Wertigkeit. In der Mode, so haben es zwei Münchner Designer einmal wunderbar formuliert, gehe es einzig darum, im richtigen Moment aufzuhören. Der Spruch passt so auch perfekt für Frauen auf Partnersuche. Ihr wichtigstes Argument als Frau ist Ihre natürliche Weiblichkeit. Ein aufregendes Kleid mit einem Dekolleté bis zum Bauchnabel garantiert Ihnen gierige Männerblicke, aber kein Beziehungsinteresse. Gleiches gilt für den Minirock. Mann darf von Ihnen durchaus was zu sehen kriegen, aber eben nicht zu viel. Sie dürfen in Sachen Sex-Appeal eine bestimmte Grenze nicht überschreiten. Tun Sie es doch, wirken Sie billig.

Plastik

Es gibt eine ganze Reihe an modischen Attributen, mit denen Sie garantiert in der Schublade B bei Männern landen und die ich gerne unter dem Begriff »Plastik« zusammenfasse: Darunter fallen zum Beispiel aufgeklebte überlange Fingernägel, falsche

Wimpern, übergroßer Plastikschmuck, übertriebene Bräune aus dem Solarium oder aufgemalte Augenbrauen.[28] Eben alles, was eine Frau in den Augen eines Mannes B wie »billig« wirken lässt. Und in genau dieser Kategorie landet sie dann auch, wenn sie es beim Styling übertreibt.

Kunstledertasche = B-Frau. Tasche aus echtem Leder = A-Frau.

Piercings

Anhand von Piercings lässt sich das Thema Wertigkeit ebenfalls wunderbar illustrieren. Wenn Sie eine noch unberührte Bahnfahrkarte haben, dann hat diese Karte einen Wert. Doch in dem Moment, in dem der Bahnschaffner zu seiner Zange greift und ein Loch in die Karte drückt, ist sie – im wahrsten Sinne des Wortes – entwertet. Genauso verhält es sich im Prinzip mit Piercings. Die unberührte, wertvolle Haut wird zerstört und damit die Wertigkeit, die sie zuvor ausgestrahlt hat. Ich bin sicher, dass Sie selbst dieses Phänomen sehr gut kennen und schon oft erlebt haben: beim Schuhekaufen. Die ersten Tage sind die neuen Schuhe einfach wundervoll und Sie fühlen sich in ihnen wie die schönste Frau der Welt. Bis zu dem Moment, in dem der erste Kratzer im Leder zu sehen ist. Plötzlich fühlen sich die Schuhe so .... alt an. Sie mögen die Schuhe mit Kratzer natürlich noch immer, aber sie haben ihre magi-

---

28 Unter »Plastik« fallen natürlich auch sämtliche operative Maßnahmen, die zahlreiche Frauen ergreifen. Ja, ein voller Busen oder volle Lippen gehören zu den klassischen Fruchtbarkeitsmerkmalen. Künstlich erzeugt, verliert sich ihre beziehungsfördernde Wirkung jedoch vollkommen. Es ist ja gerade ihre Natürlichkeit, die wesentlich zur Attraktivität der von Männern so sehr begehrten A-Frauen beiträgt.

sche Kraft verloren. Das Gleiche empfindet ein Mann beim An-
blick gepiercter oder tätowierter Frauenhaut. Natürlich gibt es
auch Männer, die sich von ebendiesem Körperschmuck angezogen fühlen. Doch diese Männer sind nicht die Regel, sondern
die Ausnahme.[29]

---

29   Und es stellt sich die Frage, ob Frau diesen Typ Mann überhaupt will.

KAPITEL 8

DAS ICH IM LOVECHECK – WARUM FRAUEN NICHT IMMER KRIEGEN, WAS SIE WOLLEN

DAS MÄRCHENPRINZ-SYNDROM

Singlefrauen auf Partnersuche suchen meist nicht irgendwen. Sie suchen in der Regel nach einem ganz bestimmten Mann: ihrem Märchenprinzen.

Über Jahre hinweg malen Frauen sich aus, wie ihr Traummann beschaffen sein muss. Sie haben eine Vorstellung davon, wie er aussehen sollte. Sie wissen, was er beruflich macht. Wie viel Geld er haben muss. Sie stellen sich vor, wie er im Bett ist und wie er sie im Alltag behandelt. Jeder Mann, dem Frau begegnet, wird mit diesem Idealbild verglichen. Je mehr ein Mann dem Ideal der Frau entspricht, je mehr er dem Bild ihres Märchenprinzen gleicht, desto interessierter ist die Frau an dem Mann.

Wenn Frauen könnten, würden sie sich am liebsten einen Mann backen.

Die Suche nach dem Märchenprinzen ist die denkbar schlechteste Taktik, um einen Partner fürs Leben zu finden. Warum? Frauen, die so vorgehen, achten meist gar nicht auf den wahren Charakter des Mannes, den Sie sich angelacht haben. Das Märchenprinzen-Syndrom gepaart mit einem von der Liebe hormonell benebelten Verstand führt Frauen daher immer wieder in Beziehungskatastrophen.

In den zahlreichen Gesprächen mit Frauen ist mir aufgefallen, dass es drei Kriterien gibt, die auf Frauen eine besonders große Wirkung haben, wenn sie einen Mann beurteilen: Geld, Prominenz und Sex. Von diesen drei Kriterien werden Frauen enorm stark angezogen, obwohl sie völlig unwichtig sind, wenn es um die Bewertung eines Mannes geht.

Flop-Kriterium 1: Geld

Natürlich möchte eine Frau einen erfolgreichen Mann an ihrer Seite wissen, und nichts ist weniger sexy als ein Hartz-IV-Empfänger. Doch Geld ist kein Faktor, der eine Beziehung emotional bereichert oder nachhaltig stabilisiert. Auf Dauer macht es nur die wenigsten Frauen in ihren Beziehungen glücklich. Ich habe es leider zu oft erlebt, dass sich Frauen von Geld und den damit verbundenen Konsummöglichkeiten blenden ließen und sich in der Beziehung quasi »prostituiert« haben.

Meine Erfahrung hat gezeigt, dass ein Mann, der die zehn Punkte des Männerchecks erfüllt und der einen vernünftigen Beruf hat, in diesem auch erfolgreich ist. Vielleicht ist er nicht

DER Überflieger im Job. Aber er verdient in jedem Fall genug, um sich und seiner Familie ein gutes Leben zu ermöglichen. Sie zu versorgen auf jeden Fall.

Flop-Kriterium 2: Prominenz

Es gibt ein Experiment, dass ganz gut beschreibt, wie unterschiedlich Männer und Frauen auf Prominenz reagieren. Spricht ein ganz normaler, gut aussehender Mann Frauen auf der Straße an, ob sie mit ihm einen Kaffee trinken wollen, sagt etwa die Hälfte Ja. Fragt derselbe Mann die Frauen, ob sie mit ihm schlafen wollen, sinken seine Erfolgschancen auf null Prozent. Kehrt man in diesem Experiment Männer und Frauen um, erhält man ein etwas anderes Ergebnis. Fragt eine hübsche Frau nach einem Date, stimmen wie bei den Frauen auch 50 Prozent der Männer zu. Warum auch nicht? Bei der Frage nach Sex steigt das Interesse der Männer jedoch steil an, statt zu sinken. Drei Viertel aller Männer sagen spontan Ja zum Gelegenheitssex. Männer sind eben doch Schweine, wie der Komiker Mario Barth in seiner berühmten Geschlechter-Comedy behauptet. Er fügt jedoch hinzu: »Frauen aber auch.« Und hat damit nicht ganz unrecht. Eine ähnlich gelagerte Studie zeigt nämlich, dass genauso viele Frauen wie Männer Ja zum Gelegenheitssex sagen, wenn die Offerte nicht etwa von einem Unbekannten, sondern von einem berühmten Mann in der Kategorie eines Brad Pitt, Ryan Reynolds oder Patrick Dempsey stammt.

Prominenz ist ein Aphrodisiakum, das bei Frauen besonders verlässlich wirkt.

Warum auch nicht? Das Leben an der Seite eines prominenten Mannes kann sehr aufregend sein. Es gibt tolle Partys, man lernt andere prominente Menschen kennen. Doch das Scheinwerferlicht brennt nicht 24 Stunden am Tag. Irgendwann erlischt es, und dann zählt nicht mehr, WAS der Mann ist (Schauspieler, Rennfahrer, Musiker), sondern WER er ist.

Flop-Kriterium 3: Gut im Bett

Es gibt Männer, die besser im Bett sind als andere. Die Ihnen als Frau einen Dauerorgasmus nach dem anderen verschaffen. Vor allem weniger erfahrene Frauen verrennen sich bei diesen Männern. Schließlich fühlen sie mit ihm ja etwas, das sie bei noch keinem anderen gefühlt haben. Kein Problem, genießen Sie den tollen Sex, aber bauen Sie bitte keine Beziehung darauf auf.

Natürlich spielt Sex in jeder Beziehung eine sehr wichtige Rolle. Keiner möchte auf Dauer schlechten Sex haben. Doch je länger eine Beziehung dauert, desto mehr tritt Sex in den Hintergrund. In 80 Prozent aller Beziehungen nimmt er im Laufe der Zeit sehr ab. Das ist vollkommen normal. Wenn die Chemie stimmt, und das ist ja Voraussetzung jeder Beziehung, wird auch der Sex schön sein.

Was für Männer gilt, gilt in diesem Fall übrigens so auch für Frauen: Bitte glauben Sie nicht, dass Sie einen Mann durch besonders raffinierten Sex an sich binden können. Ganz im Gegenteil: Eine Frau, die sich – gerade zu Beginn einer Romanze – sexuell über die Maße ins Zeug legt und mit fantastischen Liebhaberinnenqualitäten aufwartet, setzt damit sogar ihren möglichen Status als A-Frau aufs Spiel.

Leidet eine Frau am Märchenprinzen-Syndrom oder dominiert eines der Flop-Kriterien ihre Partnersuche, frage ich sie immer:

»Was würdest du tun, wenn deine Firma pleitegeht und du einen neuen Job brauchst?«

»Ich würde meinen Lebenslauf updaten und mich woanders bewerben.«

»Wie findest du die neue Stelle? Bewirbst du dich gezielt oder überall?«

»Nein, ich würde schauen, was zu meinen Fähigkeiten passt und was mir Spaß machen würde, und es dort gezielt versuchen.«

»Wie viele Bewerbungen verschickst du? Immer nur eine oder bewirbst du dich auf mehrere Stellen gleichzeitig?«

»Ich würde mehrere Unternehmen anschreiben und dann schauen, wo es am besten passt.«

»Und was passiert nach einer Absage?«

»Dann bewerbe ich mich woanders. So lange, bis ich einen neuen Job gefunden habe.«

Bingo! Ersetzen Sie jetzt bitte in den vorangegangenen Ausführungen die Begriffe »Job«, »Stelle« und »Unternehmen« durch »Mann«, und schon haben Sie die perfekte Strategie, wie Frau sich auf Partnersuche begeben sollte.

Eine vernünftige Zielgruppenanalyse ist neben dem Männercheck das A und O, um auf dem Beziehungsmarkt erfolgreich zu sein. Die für die Analyse wichtigen Fragen lauten:

- Was für einen Mann will ich?
- Was für eine Frau bin ich?
- Welchen Typ Frau sucht der Mann, den ich will?

MÄNNERTYPEN

Die Persönlichkeit von Männern bewegt sich in der Regel auf einer Skala, an deren einem Ende das »Natural Born Asshole« steht und am anderen der »liebe Versorger«:

der liebe Versorger   das Natural Born Asshole

1   2   3   4   5   6   7   8   9   10

Das Natural Born Asshole lässt permanent den Macho raushängen. Der Versorger setzt dagegen auf die typischen Volvo-Qualitäten und paart Beständigkeit mit einem unauffälligen Äußeren. Jeder, wie er kann. Beim lieben Versorger kann es ihnen passieren, dass Sie in der Beziehung vor Langeweile sterben, weil der Mann Ihnen nichts entgegenzusetzen hat. Die Beziehung mit einem Natural Born Asshole – erstaunlich viele Frauen fühlen sich von diesem Typ Mann angezogen – ist dagegen einzig auf Ihre Unterwerfung ausgerichtet, ein ständiger Kampf. Die guten, beziehungsfähigen Männer findet man eher in der Mitte. Es sind vielleicht nicht die Supermänner, aber eben Männer, die eine Frau anständig behandeln und nicht vollkommen verweichlicht sind. Gehen Sie in Gedanken doch bitte einmal ein paar Männer durch, die Ihnen gut gefallen, und sortieren Sie diese auf der oben dargestellten Skala ein. Sobald Sie nur Männer haben, die auf den äußeren Enden der Skala aufschlagen (also bei den Skalenwerten 1 bis 3 und 8 bis 10), sollten Sie über Ihr Beuteschema nachdenken.

WER BIN ICH? WAS BIN ICH? WORAUF MANN UND FRAU BEIM ANDEREN GESCHLECHT ACHTEN

Playboy-Chef Hugh Hefner hat einmal gesagt, dass Männer die Einzigen sind, die wirklich lieben können. Sie können die hochgezogene Augenbraue ruhig wieder runternehmen! Was Hefner meinte, ist, dass Männer sich nicht dafür interessieren, woher eine Frau kommt, was eine Frau macht oder was sie besitzt. Männer wollen bei einer Frau lediglich wissen: Wie sieht sie aus (kann sie mir gesunden Nachwuchs gebären?)? Wer ist sie? Wie geht sie mit mir um? Wie kommuniziert sie mit mir? Den Männern geht es bei Frauen tatsächlich nur um die Beziehung.

Frauen beurteilen Männer anders. Sie interessieren sich vor allem dafür, was er ist und was er hat. Sein Charakter, seine Persönlichkeit, seine Beziehungsfähigkeit sind oft nur sekundär! Frauen verlieben sich sogar in Arschlöcher. Weil sie nicht anders können. Gesellschaftlicher Status ist bei vielen Frauen – wenn auch unbewusst – noch immer eines der wichtigsten Kriterien bei der Partnerwahl. Auch hier bricht sich ein Urinstinkt Bahn: Frauen suchen in einem Mann stets den möglichen Versorger einer Familie. Das ist evolutionstechnisch ja auch sinnvoll. Je höher der gesellschaftliche Status, je vermögender der Mann, desto größer ist die Wahrscheinlichkeit, dass es dem Nachwuchs an nichts fehlen wird. Also schlägt Frau zu.

Seien wir ehrlich: Ein Typ wie Reiner Calmund hätte nicht so eine junge, attraktive Frau, wenn er Maschinenschlosser bei MAN wäre. Kate Moss und ein Hartz-IV-Empfänger? Funktioniert auch nicht. Ist der auserwählte Alphamann allerdings nicht beziehungsfähig, gibt's hinterher nur einen, der sich freut: Ihr Scheidungsanwalt.

FISCHEN IM FALSCHEN TEICH

Es macht auch keinen Sinn, Männer zu suchen, in deren Zielgruppe man als Frau selbst nicht passt. Ein gut aussehender Beratertyp wird sich sicher nicht mit einer tätowierten Rockerbraut abgeben wollen. Mein Rat: Schauen Sie sich bitte ganz genau an, mit was für Frauen der Männertyp in Ihrer Zielgruppe zusammen ist, und gleichen Sie diesen Frauentyp mit Ihrem Selbstbild ab. Gibt es dramatische Unterschiede, passen Sie sich an. Oder wechseln Sie Ihre Männer-Zielgruppe!

Wie oft habe ich es erlebt, dass ein Freund eine neue Frau auf eine Party mitgebracht hat und man schon nach wenigen Stunden gewusst hat: Die bleibt nicht. Weil sie nicht in die Gruppe gepasst hat oder gar nicht erst versucht hat, in die Gruppe zu passen. Bei anderen Frauen war dagegen ganz schnell klar: Sie hat eine gute Chance zu bleiben. Sollten Sie auf einer Party mit seinen Freunden oder Arbeitskollegen bemerken, dass die Menschen dort Ihnen vom Wesen her vollkommen fremd oder langweilig und uninteressant vorkommen, haben Sie den falschen Mann erwischt. Ihre Beziehung mit ihm wird nicht lange halten. Fühlen Sie sich dagegen unter den Menschen wohl, mit denen er sich umgibt, und finden Sie schnell Anschluss, ist er der Richtige für Sie.

MARKTWERT UND ALTER

Mit 40 ist Ihr Haltbarkeitsdatum als Frau abgelaufen. In den Augen eines Mannes sind Sie mit 40 alt. Viele Frauen wollen das nicht wahrhaben und halten mir entgegen:

»Keine Sorge, ich kriege sie schon noch alle.«

Sicher. Für eine Nacht ins Bett, aber nicht für eine Beziehung. Als 40-Jährige konkurrieren Sie auf dem Beziehungsmarkt mit 30-Jährigen. Ein Mann um die 40 kann bei Frauen sogar auf plus-minus 20 gehen, wenn er das will. Das ist nicht fair. Aber wer sagt, dass das Leben immer fair sein muss? Finden Sie sich mit den Tatsachen ab: Mit 40 ist die Wahrscheinlichkeit, einen guten 50-Jährigen abzukriegen, höher, als einen Mann im gleichen Alter zu finden.

Ab 35 müssen Sie als Frau bereit sein, Abstriche hinsichtlich seines Alters zu machen.

Kleiner Trost: Die meisten Männer ab 50 wünschen sich eine Partnerin, die 15 Jahre jünger ist als sie. In der Realität können sie jedoch nur einen Altersunterschied von durchschnittlich sieben Jahren realisieren.

LOHNT SICH DER GANZE AUFWAND NOCH?

Neulich offenbarte mir meine Freundin Anna, dass sie – mittlerweile 41 Jahre alt –Beziehungen satthabe. Wohlgemerkt Beziehungen. Männer will Anna schon noch um sich haben. Also trifft sie sich mit Männern, die ihr gefallen, und schaut einfach, wie lange es gut läuft. Mal dauert es ein paar Wochen, mal ein paar Monate. »Wenn mir einer nicht mehr passt oder Stress macht, dann wird er einfach abserviert.« Anna wirkte mit dieser Entscheidung entspannt und zufrieden. In diesem Moment wurde mir klar: Beziehungen sind nicht allein selig machend. Es gibt auch andere Formen des Miteinanders zwischen Männern und Frauen.

Ich bin mir sicher, dass Sie, liebe Leserin, mit dem Männercheck und einer disziplinierten Dating-Strategie innerhalb weniger Monate einen Mann finden können, mit dem Sie die Chance auf eine längere Beziehung haben. Um das zu schaffen, muss ich Ihnen noch eine wichtige Frage stellen. Es ist in diesem Buch die vielleicht wichtigste Frage überhaupt:

Wollen Sie wirklich einen Mann?

Sind Sie wirklich bereit, sich auf den Männercheck einzulassen? Ohne Kompromisse? Sind Sie bereit, noch einmal mit Männern die berühmten und leider notwendigen Spielchen zu spielen? Haben Sie in ihrem Leben überhaupt noch Platz für einen Mann? Und womöglich Platz für eine Familie? Und sind Sie bereit, ganz Frau für einen Mann zu sein?

Sollten Sie an einem oder mehreren Punkten zweifeln, lassen Sie es lieber sein.

Wenn nicht: Ran ans Werk!

DER FRAGENKATALOG FÜR DIE ZEHN PUNKTE DES MÄNNERCHECKS

Hier sind noch mal die wichtigsten Fragen des Männerchecks Punkt für Punkt zusammengefasst. Sie sollen Ihnen helfen, in die einzelnen Themen einzusteigen und – wenn es bei einem Punkt Auffälligkeiten gibt – das jeweilige Thema zu vertiefen. Die ausführlichen Beschreibungen der einzelnen Punkte, ihre Bedeutung und die wichtigsten Alarmsignale finden Sie in Kapitel 2 ab Seite 32.

PUNKT 1 UND PUNKT 2 DES MÄNNERCHECKS: SEINE KINDHEIT UND SEINE BEZIEHUNG ZU DEN ELTERN

Seine Beziehung zu den Eltern

- »Leben deine Eltern denn noch?«
- »Wo wohnen deine Eltern?«
- »Siehst du sie noch oft?«
- »Wie lang sind die beiden verheiratet?«

Ergeben sich Hinweise auf eine Scheidung, erlebte Traumen oder emotionale Vernachlässigung, bohren Sie mit folgenden Fragen nach:

- »Warum sehr ihr euch nicht mehr? Habt ihr euch mal gestritten?«
- »Hatten deine Eltern keine Zeit für dich?«
- »Haben deine Eltern viel gearbeitet?«
- »Haben beide gearbeitet?«
- »Wer hat sich denn um dich gekümmert?«
- »Wann haben sich deine Eltern getrennt?«
- »Bei wem bist du danach gewesen? Wen hast du danach öfter gesehen? Mama oder Papa?«
- »Waren deine Eltern streng?«
- »Wie sah ein typisches Wochenende bei euch aus?«
- »Mit wem hast du am Samstag vor dem Fernseher gekuschelt?«

Seine Kindheit

- »Warst du ein glückliches Kind?«
- »Was hast du als Kind am liebsten gemacht?«
- »Worüber hast du dich geärgert? Was hat dich traurig gemacht?«
- »Musstest du als Kind einmal ins Krankenhaus?«

Ergeben sich Hinweise auf erlebte Traumen oder emotionale Vernachlässigung, bohren Sie mit folgenden Fragen nach:

- »Wie haben deine Eltern auf deine Krankheit/den Unfall reagiert?«
- »Wie erging es dir in der Schule?«

PUNKT 3 DES MÄNNERCHECKS: SEINE BEZIEHUNGSBIOGRAFIE

- »Wie lange dauerte deine längste Beziehung?«

Hat er nicht mindestens eine sechs Jahre lange Beziehung vorzuweisen, bohren Sie nach:

- »Warum hat es zwischen euch nicht geklappt?«
- »Was hat dir in den Beziehungen gefehlt?«

PUNKT 4 DES MÄNNERCHECKS: SEIN SINGLELEBEN

- »Seit wann bist du Single?«
- »Wie lange warst du schon Single?«

Ist der Mann bereits seit einem Jahr Single, bohren Sie nach:

- »Bist du gern Single?«
- »Was hat dir daran gefallen?«
- »Warst du viel unterwegs?«

PUNKT 5 DES MÄNNERCHECKS: SEIN VERHÄLTNIS ZUR SUCHT

- »Machst du gern Party?«
- »Wann warst du das letzte Mal so richtig betrunken? Wie ist das passiert?«
- »Rauchst du? Hast du früher mal geraucht?«
- »Wann hast du deinen ersten Joint geraucht?«
- »Spielst du gerne? Was spielst du?«

Diesen Punkt klären Sie in der Regel eher durch Beobachtung als durch Fragen. Dennoch können Sie das Thema freundlich ansprechen. Wichtig ist nur, dass Sie dem Mann niemals das Gefühl geben, dass Drogen oder sein Hang zum Spielen Sie stören würden, sonst wird er Ihnen nicht die Wahrheit sagen.

PUNKT 6 DES MÄNNERCHECKS:
SEIN SPORT-STATUS

- »Machst du Sport?«
- »Wie oft gehst du zum Sport?«
- »Welchen Sport machst du?«
- »Was magst du an deinem Sport?«

Treibt er keinen Sport oder zeigt er sich als extremer Einzelkämpfer, bohren Sie nach:

- »Warum machst du keinen Sport?«
- »Trainierst du allein oder mit Freunden?«
- »Macht ihr nur Sport zusammen oder geht ihr auch miteinander aus?«
- »Hast du auch andere Sportarten ausprobiert? Warum machst du sie nicht mehr?«

PUNKT 7 DES MÄNNERCHECKS:
SEIN ÄUSSERES

- »Hast du ein Tattoo? Oder ein Piercing?«

Ansonsten klären Sie diesen Punkt vor allem durch Beobachtung. Hat er ein Tattoo oder Piercing, fragen Sie nach:

- »Warum hast du es dir stechen lassen?«
- »Würdest du dir gern noch ein Piercing/Tattoo machen lassen?«

PUNKT 8 DES MÄNNERCHECKS:
SEINE GESCHICHTEN ÜBER DIE EX

- »Hast du noch Kontakt zu einer deiner Exfreundinnen? Warum? Warum nicht?«
- »Gab es eine Beziehung, die dir besonders wichtig war?«
- »Warum ist die Beziehung auseinandergegangen?«
- »Hast du dich getrennt oder Sie?«

Sind ihm die Fragen unangenehm oder äußert er sich negativ über eine oder mehrere Exbeziehungen, haken Sie nach:

- »Was ist denn da passiert?«
- »Warum hat sie sich getrennt? Warum hast du dich getrennt?«
- »Was glaubst du, warum sie dich betrogen hat?«
- »Hand aufs Herz: Hattest du was mit einer anderen?«

PUNKT 9 DES MÄNNERCHECKS:
SEINE KARRIERE

- »Was arbeitest du?«
- »Wolltest du das schon immer machen?«
- »Was muss man dafür lernen?«
- »Was gefällt dir an deinem Job?«

Zeigt seine Karriere häufige Wechsel der Fachrichtung oder komplette Neuanfänge, bohren Sie nach:

- »Was hat dir an dem alten Job nicht gefallen?«
- »Was willst du in deinem jetzigen Job erreichen?«

PUNKT 10 DES MÄNNERCHECKS: SEINE FREUNDE

- »Wie viele beste Freunde hast du?«
- »Was unternehmt ihr so zusammen? Wo geht ihr hin?«

Hat er keine Freunde oder nennt er eine unrealistische Zahl, die höher ist als drei, bohren Sie nach:

- »Warum hast du keine Freunde?«
- »Sechs beste Freunde? Was unterscheidet deine besten Freunde denn von normalen Freunden?«

DER MÄNNERCHECK – GANZ ODER GAR NICHT!

Wenn Sie mit dem Männercheck arbeiten, benötigen Sie vor allem eines:

Vertrauen.

Sie müssen darauf vertrauen, dass der Check funktioniert. Frauen, die das Gefühl haben: »Der nächste Mann, muss der richtige sein, wenn es mit der Familie noch klappen soll«, stehen unter einem enormen Erfolgsdruck. Der Wunsch nach einer Beziehung ist so groß, dass er oft sämtliche Warnsignale oder Bedenken überlagert. Stattdessen entwickeln viele diese Frauen gegenüber einem potenziellen Partner eine fatale Kompromissbereitschaft. Bitte tun Sie das nicht! Ihnen selbst und der Familie zuliebe, die Sie vielleicht gründen wollen. Die Basis einer Familie, die Beziehung zwischen Ihnen und Ihrem Partner, muss extrem stabil sein. Sie ist das Fundament, das alles tragen muss: die guten Dinge (Aufmerksamkeit, Miteinander, Bestätigung, Zärtlichkeit) ebenso wie die schlechten Dinge (den Alltag, die Streitereien, die Routine) … Wenn Sie dabei am Material sparen oder irgendwelche Abstriche machen, stürzt früher oder später das ganze Haus ein. Der Männercheck kennt keine Kompromisse: Ein Mann muss ALLE Punkte des Checks bestehen. Acht oder neun von zehn Punkte sind kein akzeptables Ergebnis. Seien Sie konsequent und hören Sie nicht auf die typischen Männerversprechen:

- »Ich habe mich geändert.«
- »Ich habe erst jetzt begriffen, was mir in meinem Leben wirklich wichtig ist.«
- »An den Problemen können wir doch arbeiten.«

Lassen Sie sich davon nicht verführen.

Bereits mehrere Hundert Frauen haben den Männercheck ausprobiert. Nicht alle haben damit bereits einen Mann gefunden. Aber nicht eine ist bei einem der klassischen Abzocker oder einem beziehungsunfähigen Mann gelandet.

Der Männercheck funktioniert. Vertrauen Sie mir.

DER MÄNNERCHECK TO GO (FÜR MÄNNER AB 35)

Fotografieren Sie diese Seite mit Ihrem Smartphone. Oder schneiden Sie sie aus und stecken Sie sie in die Handtasche. So haben Sie den Männercheck immer parat, wenn Sie ihn brauchen.

Punkt 1: Seine Kindheit
Gibt es Hinweise auf Traumen (z.B. durch Krankheiten, Unfälle, Scheidung der Eltern ♀)? Keine Liebe bekommen oder »herumgereicht« worden (♀)?

Punkt 2: Seine Beziehung zu den Eltern
Ist die Beziehung zu den Eltern oder zu einem Elternteil gestört (♀) oder intakt (♂)?

Punkt 3: Seine Beziehungsbiografie
Wie lange dauerte bisher seine längste Beziehung? (2–4 Jahre: ♂, weniger als 2 Jahre: ♀)

Punkt 4: Sein Singleleben
Seit wann ist er Single? (1 Jahr oder mehr: ♀.)

Punkt 5: Sein Verhältnis zur Sucht
Gibt es Hinweise auf Suchtverhalten (Alkohol, Zigaretten, etc.: ♀)?

Punkt 6: Sein Sport-Status
Treibt er regelmäßig Sport (♂)? Ist er Einzel- oder Mannschaftsportler?

Punkt 7: Sein Äußeres
Gibt es extreme Äußerlichkeiten (Tattoos, Bodybuilding, Schmuck, extreme Mode: ♀)?

Punkt 8: Seine Geschichten über die Ex
Redet er schlecht über seine Ex (♀)?

Punkt 9: Seine Karriere
Verfolgt er beharrlich ein Karriereziel (♂) oder wechselt er häufig das Fach (♀)?

Punkt 10: Seine Freunde
Ähnelt er seinen besten Freunden (♂) oder ist er ganz anders (♀)?

ÜBER DIE AUTOREN

Ulrich Fischer wurde 1966 in Offenburg geboren. Er war Offizier der Luftwaffe, studierte im Anschluss Elektrotechnik und Wirtschaftswissenschaften und startete parallel eine Karriere als Musik-Produzent. Er komponierte und produzierte u. a. Hits für Eminem, Ice-T, Dionne Warwick, Bonnie Tyler und Udo Jürgens. Aus seinem lebenslangen Faible für Psychologie entstand die Idee für den Männercheck. Fischer ist außerdem als Medien- und Marketingberater tätig und fest bei der BMG (Bertelsmann) als Autor unter Vertrag.

Daniel Wiechmann wurde 1974 geboren und wuchs in Berlin auf. Nach dem Abitur wurde er an der Deutschen Journalistenschule in München zum Redakteur ausgebildet und studierte Zeitungs- und Kommunikationswissenschaften. Er arbeitet seit mehr als 15 Jahren als selbstständiger Redakteur, Autor und Texter für Verlage und Agenturen und veröffentlichte zahlreiche Unterhaltungs- und Sachbücher, u.a. »Caveman – Das Buch« und »Zickenterror«.

Thomas Hohensee | Renate Georgy

GELASSENHEIT
in der
LIEBE
Vom Beziehungsfrust zum
entspannten Glück

mvgverlag

Auch als **E-Book** erhältlich

192 Seiten
14,99 € (D) | 15,50 € (A)
ISBN 978-3-86882-654-8

Thomas Hohensee
Renate Georgy
**Gelassenheit
in der Liebe**
Vom Beziehungsfrust
zum entspannten Glück

Hält Liebe ewig? Aber sicher. Allerdings: Lieben will gelernt sein. Um eine lang während und glückliche Beziehung zu führen, braucht es eine Fähigkeit, die man gar nicht hoch genug einschätzen kann: Gelassenheit. Mit Gelassenheit gelingt es, Konflikte, die in jeder Partnerschaft unweigerlich auftreten, so zu entschärfen, dass keine Verletzungen zurückbleiben. Mit den hier vorgestellten Methoden wird der Stress in der Beziehung reduziert, beide Partner erwerben sich gesunde Selbstliebe, emotionale Kompetenz und Intelligenz sowie die Fähigkeit, Frustfallen zu erkennen und zu umschiffen. Gelassenheit ist die Formel für das dauerhafte Glück zu zweit.

Auch als **E-Book** erhältlich

192 Seiten
14,99 € (D) | 15,50 € (A)
ISBN 978-3-86882-649-4

Travis Bradberry
Jean Greaves

Emotionale Intelligenz 2.0

Erhöhen Sie Ihre
Sozialkompetenz und
verbessern Sie Ihre
Kommunikation

Emotionale Intelligenz ist ein wichtiger Faktor im Berufs- und Privatleben. Sie spielt nachweislich für Erfolg und Misserfolg der Karriere eine größere Rolle als die fachliche Qualifikation. Dennoch wissen nur die wenigsten Menschen, wie sie ihren EQ steigern und so ihre Kommunikationsfähigkeiten und beruflichen Entwicklungsmöglichkeiten entscheidend verbessern können. Dieses Buch vermittelt einen Aktionsplan mit einfachen und sofort anwendbaren Strategien und Übungen. Eine objektive Beurteilung der eigenen Fähigkeiten ist online mit dem beliebten Emotional-Intelligence-Appraisal®-Test möglich. Dieses kompakte Praxisbuch macht emotionale Intelligenz fernab komplizierter Theorie greifbar und in einfachen Schritten erlernbar – für jedermann.

mvgverlag